La vie à Rome dans l'Antiquité

QUE SAIS-JE ?

La vie à Rome dans l'Antiquité

PIERRE GRIMAL
Membre de l'Institut
Professeur émérite à l'Université de Paris-Sorbonne

Dixième édition
66e mille

DU MÊME AUTEUR

Les jardins romains. Essai sur le naturalisme romain, Paris, De Boccard, 1944, 2ᵉ éd., Paris, PUF, 1969, 3ᵉ éd., Paris, Fayard, 1990.
Sénèque, 2ᵉ éd., Paris, PUF, 1966, coll. « Sup ».
Dictionnaire de la mythologie grecque et romaine, Paris, PUF, 1951, 7ᵉ éd., 1982.
La mythologie grecque, Paris, PUF, 11ᵉ éd., 1982, coll. « Que sais-je ? », nº 582.
Le siècle des Scipions. Rome et l'hellénisme au temps des guerres puniques, Paris, Aubier, 2ᵉ éd., 1975.
L'art des jardins, Paris, PUF, 1954, 3ᵉ éd., 1974, coll. « Que sais-je ? », nº 618.
Les villes romaines, Paris, PUF, 1955, 6ᵉ éd., 1983, coll. « Que sais-je ? », nº 657.
Les romans grecs et latins, introduction et traduction, Paris, NRF, 1958.
Horace, Paris, Editions du Seuil, 1958.
SÉNÈQUE, *De Breuitate Vitae*, édition et commentaire, Paris, PUF, 1959, coll. « Erasme ».
— *Phaedra*, édition et commentaire, Paris, PUF, 1965, coll. « Erasme ».
La civilisation romaine, Paris, Arthaud, 4ᵉ éd., 1970.
Plaute et Térence. Œuvres complètes, introduction et traduction, Paris, NRF, 1971.
Italie retrouvée, Paris, PUF, 1979.
Nous partons pour Rome, Paris, PUF, 4ᵉ éd., 1983.
L'amour à Rome, Paris, Belles Lettres, 2ᵉ éd., 1979.
APULÉE, *Le conte d'amour et Psyché*, édition et commentaire, Paris, PUF, coll. « Erasme », 1963.
Essai sur l'art poétique d'Horace, Paris, SEDES, 1968.
SÉNÈQUE, *De uita beata*, édition et commentaire, Paris, PUF, 1969, coll. « Erasme ».
Les mémoires de T. Pomponius Atticus, Paris, Belles Lettres, 1976.
Le guide de l'étudiant latiniste, Paris, PUF, 1971.
« La guerre civile » de Pétrone dans ses rapports avec la Pharsale, Paris, Belles Lettres, 1977.
Le lyrisme à Rome, Paris, PUF, 1978.
Le théâtre antique, Paris, PUF, 1978, coll. « Que sais-je ? », nº 1732.
Le Quercy de Pierre Grimal, Paris, Arthaud, 1978.
Le siècle d'Auguste, Paris, PUF, 5ᵉ éd., 1974, coll. « Que sais-je ? », nº 676.
La littérature latine, Paris, PUF, 3ᵉ éd., 1982, coll. « Que sais-je ? », nº 327.
Sénèque, Paris, PUF, 1981, coll. « Que sais-je ? », nº 1950.
Jérôme Carcopino, un historien au service de l'humanisme, Paris, Belles Lettres, 1981 (en collaboration avec Cl. CARCOPINO et P. OURLIAC).
Rome, les siècles et les jours, Paris, Arthaud, 1983.
Virgile, Paris, Arthaud, 1985.
Cicéron, Paris, Fayard, 1986.
Les erreurs de la liberté, Paris, Belles Lettres, 1989.
Le merveilleux voyage d'Ulysse, roman, Paris Rocher, 1990.
Tacite. Œuvres complètes, introduction et traduction, Paris, Pléiade NRF, 1990.
Tacite, Paris, Fayard, 1991,
Sénèque, Paris, Fayard, 1991.
Marc Aurèle, Paris, Fayard, 1991.
Mémoires d'Aggrippine, roman, Paris, Ed. de Fallois, 1992.
Pompéi. Demeures secrètes, Paris, Imprimerie nationale, 1992.

ISBN 2 13 043218 2

Dépôt légal — 1ʳᵉ édition : 1953
10ᵉ édition : 1994, février

108, boulevard Saint-Germain, 75006 Paris

INTRODUCTION

L'histoire du peuple et de la civilisation de Rome s'étend sur la durée d'un millénaire : que l'on accepte ou non la date traditionnelle de 753 av. J.-C. assignée à la fondation de la Ville, les objets les plus anciens retrouvés dans son sous-sol par les archéologues modernes remontent approximativement au VIIIe siècle qui précéda notre ère, et, déjà, nous entrevoyons, grâce à eux, ce que pouvait être la vie quotidienne de ces lointains habitants du Latium. Et lorsque Rome perdit, au début du IVe siècle ap. J.-C., son titre et son rang de capitale unique du monde civilisé, près de douze cents ans s'étaient écoulés depuis ces humbles débuts. Aussi est-il vain de prétendre fixer une image unique de ce qu'aurait été la « vie privée » des Romains. Aussi vain que si quelque historien de l'avenir mêlait en une même perspective des éléments empruntés à la Gaule de Charlemagne, à la France des Valois, à celles de Louis XIV et de Napoléon III. Même si l'on admet que la densité des faits n'est pas identique d'un millénaire à l'autre, et que, comme on l'a dit, l'histoire « s'accélère », il n'en reste pas moins que la distance est grande des pauvres cabanes du Palatin, où — peut-être — le roi Romulus ramenait le soir ses troupeaux, jusqu'au palais impérial dont les premières fondations devaient, près de huit cents ans plus tard, être jetées au même endroit par Tibère. Et grande encore, celle qui sépare la Rome des débuts de l'Empire et la Ravenne des derniers temps. Si les événements politiques, militaires et économiques ont, au cours de toute cette histoire, bouleversé la structure du monde, la vie quotidienne des hommes qui ont été les témoins et les acteurs de cette évolution n'a pu manquer de connaître elle aussi des transformations profondes. La richesse d'un peuple, la portée de son commerce, l'intensité de ses échanges, la valeur de sa monnaie ont une influence évidente sur son mode de vie — mais tout cela est commandé, à son tour, par l'étendue de son empire, les luttes qu'il doit soutenir contre des rivaux, par la structure même de sa société.

A la vérité, il n'y a aucune barrière entre les deux histoires : la « grande histoire », qui se préoccupe des guerres et des révolutions, et l'autre, dont l'objet est peut-être plus humble, mais aussi plus *intime* et pénètre plus avant dans la connaissance de la psychologie et des hommes eux-mêmes. Nous verrons par exemple comment les victoires remportées par les Romains sur les royaumes de la Grèce, au second siècle avant notre ère, ont transformé de façon profonde et fatale leur genre de vie ; mais cette transformation, à son tour, n'a pas été sans réagir sur le système de l'Etat entier : les antiques croyances, les principes directeurs des hommes au pouvoir, tout l'idéal de la cité ont été remis en question, et il n'est pas exagéré, peut-être, de prétendre que l'histoire du monde a été modifiée du jour où les Grecs ont appris à leurs conquérants l'art de mieux dîner. Reflet d'un état économique et social donné, la vie privée est en même temps une *cause* parmi toutes celles qui agissent sur la psychologie d'un peuple. Et cela, les Romains eux-mêmes ne l'ont pas ignoré. Peut-être même en ont-ils exagéré l'importance, et vu des causes là où il y avait surtout des effets et des symptômes. Leurs moralistes ont souvent déclamé contre le luxe « démoralisateur ». Caton, qui fut censeur précisément à l'époque où intervint cette révolution de la vie quotidienne, a tenté d'agir sur ce qu'il considérait comme une décadence en interdisant telle ou telle pratique en train de s'instaurer : limiter le poids des bijoux que portaient les femmes, règlementer la composition des banquets ou le prix des esclaves. Près de deux siècles plus tard, l'empereur Auguste s'attaquera au relâchement du costume, et imposera à tous ceux qui paraissaient au Forum le port de ce vêtement aussi traditionnel qu'incommode qu'était la toge. Il tentera aussi — également en vain — d'endiguer la mode des somptueuses demeures entourées d'immenses jardins. Périodiquement, le monde romain a connu de ces « lois somptuaires » dont l'objet immédiat était de réduire le volume des dépenses effectuées par les particuliers, et l'intention lointaine de restaurer, grâce à un mode de vie plus simple, une morale chancelante. Mais on ne remonte pas un courant aussi puissant, lorsqu'une richesse nationale accrue draine les trésors accumulés depuis des siècles un peu partout dans le monde. Les lois somptuaires demeurèrent impuissantes, et la morale romaine n'échappa point aux fatalités économiques.

*
* *

La vie privée des Romains a, il faut bien l'avouer, assez mauvaise réputation. Quelques noms d'équivoque mémoire la marquent d'infamie : festins de Lucullus, orgies « néroniennes », en voilà assez pour que les moralistes condamnent tout un peuple, et quelque douze cents ans d'histoire. Les déclamations ou les perfidies calculées des historiens antiques en sont pour une bonne part responsables. Mais il n'est plus possible d'accepter leur jugement sans appel. Le plus souvent, le luxe attaqué est celui de la table. On reproche aux cuisiniers des grandes maisons de se procurer à prix d'or, et dans les pays les plus lointains, des mets précieux. Mais, en y regardant de plus près, on s'aperçoit que ces mets précieux et immoraux ce sont des huîtres, des champignons, des poissons de l'Adriatique, ou bien des oies gauloises. Un dîner bourgeois de notre siècle apparaîtrait singulièrement pervers à nos censeurs antiques ! Mais surtout, les exemples que l'on nous cite — et nous en rencontrerons quelques-uns, chemin faisant — ne concernent que quelques extravagants célèbres. Et leur caractère exceptionnel justifie seul le sort qu'on leur a fait. Les indignations vertueuses prouvent seulement que le plus grand nombre des Romains se nourrissait à moindre prix.

Rome a conservé, vis-à-vis des mœurs quotidiennes, une attitude singulière : jamais elle n'a eu bonne conscience et ne s'est abandonnée sans remords à sa richesse. Peut-être le doit-elle à la soudaineté de son élévation : sans transition ou presque, nous la voyons passer du rang de bourgade italienne à celui de capitale méditerranéenne, et les conquérants se souviennent encore du temps « où ils étaient pauvres ». L'auraient-ils oublié que le spectacle des autres petites villes italiennes, demeurées plus longtemps que Rome dans leur médiocrité, venait sans cesse leur rappeler le souvenir des vertus antiques. A Rome, la vie quotidienne a évolué beaucoup plus vite que dans les « municipes » (ainsi nommait-on les cités provinciales) : la lenteur des communications, les réticences et le particularisme local engendrés par la rancœur d'une conquête sanglante, le fait, aussi, que le citoyen romain résidant à la Ville possède en pratique des privilèges que ne partage pas son égal théorique le provincial, tout cela contribue à creuser entre Rome et le reste de l'Italie un fossé profond. C'est dans les « municipes », précisément, qu'Auguste et, plus encore, ses lointains successeurs, les Flaviens et les Antonins, iront chercher des hommes « intacts », pour en faire des administrateurs et de grands commis. A mesure que la contagion de Rome gagnera l'Italie et que les mœurs des petites villes ressembleront davantage à celles de la capitale, les provinces d'Occident viendront à leur tour fournir cette *réserve* de pureté, et c'est vers la Gaule, l'Espagne, l'Afrique, moins touchées que l'Italie par les influences orientales, que les Empereurs tourneront leurs regards.

Les Romains n'ont jamais cessé de croire, jusqu'aux derniers temps de l'Empire, que l'évolution des mœurs était, en dernière analyse, seule responsable de leurs revers. Dans ce sentiment entre pour une bonne part l'illusion que la simplicité antique, contemporaine des plus belles conquêtes de leur cité, en avait été la cause. Aussi, à force de prêcher l'austérité — mais non de la pratiquer — s'imaginaient-ils qu'il était possible de remonter le cours de l'histoire (1).

(1) L'exposé qui suit doit naturellement beaucoup à l'ouvrage de J. Carcopino, *La vie quotidienne à Rome à l'apogée de l'Empire*, Paris, 1939, auquel nous renvoyons une fois pour toutes. On consultera aussi utilement U. E. Paoli, *Vita Romana, La vie quotidienne dans la Rome antique*, trad. française, Paris, 1955, et notre étude sur La femme romaine, in *Histoire mondiale de la femme*, t. I, Paris, 1965. V. aussi notre *Amour à Rome*, 2e éd., Paris, 1979. On pourra trouver des indications bibliographiques complémentaires dans notre *Civilisation romaine*, coll. « Champs », Paris, 1981, ainsi que dans notre *Guide de l'étudiant latiniste*, Paris, 1971 ; voir aussi R. Etienne, *La vie quotidienne à Pompéi*, Paris, 1966 ; P.-M. Duval, *La vie quotidienne en Gaule pendant la paix romaine*, Paris, 1952 ; Ch. Ternes, *La vie quotidienne dans la Germanie romaine*, Paris, 1972. Sur les techniques, les travaux de R. J. Forbes, *Bibliographia antica*, Leyde, 1939 et suiv. ; et Id., *Studies in ancient technology*, Leyde, 1964 et suiv. ; Florence Dupont, *La vie quotidienne du citoyen romain sous la République*, Paris, 1989.

Chapitre Premier

LA « VIE PRIVÉE », DES ORIGINES JUSQU'AU TEMPS DES GUERRES PUNIQUES

Nous ne connaissons pas avec plus de précision la vie privée des habitants de la Rome primitive que nous ne connaissons leur histoire. Les témoignages antiques sont apportés par des auteurs qui écrivirent longtemps après cette époque et la reconstruisent au gré de leur fantaisie ou de leurs passions. Sur le sol romain, les témoignages archéologiques sont pauvres, monotones et contrastent avec la splendeur des tombes découvertes en Latium ; le maigre mobilier des tombes les plus anciennes ne suffit évidemment pas à nous faire connaître avec de grands détails l'existence des vivants. On n'y trouve pas de ces peintures qui illustrent les tombes égyptiennes ou semblables à celles qui viendront plus tard, à Rome même, compléter les inscriptions ou les reliefs funéraires, mais seulement les ustensiles les plus ordinaires : poterie commune, parfois quelques coupes ou flacons importés de Grèce (et dont la présence nous apprend l'âge de ces sépultures), quelques bijoux typiques, comme les *fibules*, qui sont de grossières « épingles de sûreté » et servaient à retenir le drapé de vêtements primitifs, vraisemblablement posés sur le corps, et non ajustés. C'est là un matériel assez banal, que l'on retrouve un peu partout, à diverses époques, autour du bassin méditerranéen. Pourtant, dans quelques-uns de ces tombeaux, apparaît un document qui nous renseigne sur la demeure de ces premiers Romains : ce sont les « urnes-cabanes ».

Ces urnes, véritables vases en terre cuite, destinées à recueillir les cendres des cadavres après leur crémation, revêtent la forme d'une cabane ronde ou elliptique, parfois rectangulaire, telle qu'en habitaient les vivants. Nous apprenons ainsi que les maisons des premiers habitants de Rome étaient posées sur un socle qui les isolait de l'humidité du sol et les protégeait du ruissellement de la pluie. Elles s'ouvraient largement, par une porte sensiblement carrée, et, parfois, une fenêtre pourvue d'un volet à un ou deux battants. Le seuil était constitué par une vaste dalle en saillie ; la porte se fermait à l'aide d'une longue perche horizontale solidement assujettie dans des encoches du chambranle. Le toit était de chaume, conique, et débordait largement. On songe aux paillotes de certaines tribus africaines.

Ce type de maison est attesté par des sépultures sur une aire qui s'étend non seulement au Latium (c'est-à-dire aux plateaux et aux plaines situés entre les derniers contreforts de l'Apennin, la rive gauche du Tibre et la mer) mais au sud de l'Etrurie (sur la rive droite du fleuve). A Rome même, le fameux cimetière découvert sur le Forum en a fourni des exemples, et, plus récemment, des fouilles systématiques ont montré que des cabanes apparemment semblables s'étaient dressées sur le mont Palatin, d'où elles dominaient, comme d'une citadelle, la vallée du Tibre. Tout souvenir de ces huttes n'était pas effacé, encore, au temps de la Rome classique. Sur le Palatin, et aussi sur le Capitole, la vénération populaire en conservait un ou deux exemples, qui passaient pour avoir été la maison de Romulus et celle de Faustulus, le berger qui avait autrefois recueilli les jumeaux, alors qu'ils étaient allaités par une louve. De temps en temps, on refaisait le toit de chaume, on remplaçait les montants vermoulus, mais le souvenir était pieusement respecté.

La tradition littéraire veut que ces premiers habitants de Rome aient été des pasteurs, occupés tout le jour au soin de leurs moutons et de leurs vaches. La culture des champs ne serait venue que plus tard, au fur et à mesure que s'agrégeaient à Rome des populations installées plus au nord, dans le pays « sabin » (les plaines de la rive gauche du Tibre, en amont de son confluent avec l'Anio). Cette tradition paraît assez vraisemblable. La région naturelle formée par le Latium est constituée en effet par de vastes plateaux coupés de sillons profonds, et battus par les vents marins. La forêt y pousse spontanément, au moins sur les hauteurs. Certains lieux-dits de Rome ont conservé jusqu'à nos jours le souvenir des bois de chênes et de hêtres du Caelius, des osiers du Viminal, des lauriers de l'Aventin. Les premiers établissements furent des villages de clairière, villages refuges où se rassemblaient troupeaux et bergers derrière un mur de terre barrant un éperon. Les plateaux déserts, entre les collines et la mer, étaient d'excellents terrains de parcours. Encore aujourd'hui, ils sont recouverts d'une herbe drue qui nourrit la race forte des bœufs de la campagne romaine, et il n'est pas rare d'y rencontrer de grands troupeaux de moutons. Dans cette région, par endroits semi-marine, la culture des céréales n'est possible qu'au prix de longues opérations de drainage. Nous avons la preuve que, très longtemps avant l'époque historique, les populations qui occupaient cette terre avaient établi déjà un système de canaux pour l'assécher, mais il semble bien aussi que ces canaux fussent déjà moins bien entretenus, sinon même hors d'usage, lorsque Rome fut fondée. Pour toutes ces raisons il est difficile de rejeter le tableau traditionnel des poètes qui montre, sur le Palatin, un village de bergers.

Mais, de très bonne heure aussi, les hommes du Latium exploitèrent les richesses naturelles fournies par la mer, et surtout le sel. Toute la région d'Ostie, de part et d'autre de l'embouchure du Tibre, fut une zone de salines. Le sel a toujours été, pour des peuples simples, une monnaie d'échange appréciée. Il est encore plus indispensable à des pasteurs, qui savent à quel point une ration de sel est utile au bon état de leurs animaux. Le trafic du sel fut la première forme de commerce établie dans cette région, et des caravanes de marchands partaient de la mer pour aller vers l'intérieur échanger leur précieuse denrée. Sur leur chemin, ils traversaient le site de Rome. Une route, à l'époque classique — et encore aujourd'hui une des grandes artères rayonnant de Rome — porte le nom de *Via Salaria*, la Route du Sel. Cette route quitte la Ville pour se diriger vers le nord et le pays sabin. C'est par elle que s'établirent certainement les premières relations entre le Latium et les populations agricoles d'Italie centrale. Par elle, les bergers du Palatin sortirent de leur isolement et connurent les premiers « produits fabriqués ». Les abords de leur village, et notamment la vallée occupée plus tard par le Forum, devinrent une étape de cette antique piste commerciale. L'étape était commodément située, à une trentaine de kilomètres des salines, et fournissait, pour le premier soir de route, un repos opportun. Il est bien probable que Rome fut d'abord un marché sur la Route du Sel. Sa population commence alors à se diversifier. A côté des pasteurs, voici des commerçants et quelques artisans, qui profitent de la présence d'un groupement pour écouler le produit de leur travail. Il y eut également des pêcheurs — comme il y en a encore — pour exploiter les ressources du Tibre et apporter quelque diversité dans la nourriture de tout ce monde. Il y eut les cultivateurs des terres voisines — les Sabins du Quirinal et de l'arrière-pays — pour vendre leur blé, leurs légumes et leurs fruits. Tous ces hommes n'appartenaient pas à la même race. Ceux qui se rassemblèrent au pied du Palatin étaient, les uns des Latins — le vieux fond pastoral —, les autres des Etrusques — en général des artisans —, les autres, enfin, ces Sabins qui constitueront dans la société romaine le fond paysan, les « cultivateurs » par excellence. Dès son principe, Rome est diverse. Faite des rencontres du hasard, elle est ouverte à toutes les influences et ce qui, jusqu'à la fin, sera le plus remarquable en elle est sa puissance de synthèse.

***

Partie de ces humbles commencements, la puissance de Rome s'accrut par étapes et finit, en trois ou quatre siècles, par s'étendre à l'Italie péninsulaire tout entière. Mais le cœur de cet Empire demeura la cité agricole installée entre le pays sabin, les plateaux du Latium et les collines qui bordent, vers le sud, le pays étrusque et surplombent la rive droite du Tibre. La ville de Rome est un centre politique et commercial, où l'on vient tous les neuf jours au marché, mais où, pendant très longtemps, les citoyens de rang élevé n'auront guère de demeure permanente. La vie quotidienne se déroule sur les terres des alentours, et c'est dans leur ferme que l'on va chercher les magistrats élus par les Comices ; c'est en cultivant leurs champs que les jeunes Romains acquièrent l'endurance dont ils font preuve au combat. Et, jusqu'à la fin, maint détail des mœurs restera marqué par ces origines paysannes et ne s'expliquera que par elles.

Il semble bien que, au cours des premiers siècles de leur histoire, les Romains de vieille souche n'aient pas connu la propriété individuelle. La terre était possédée par clan (les *gentes*), c'est-à-dire un ensemble de familles issues d'un ancêtre commun. Ces terres comportaient deux parts, l'une qui était commune à tous les membres de la *gens*, pour les troupeaux, par exemple, ou l'exploitation forestière. L'autre était divisée en lots relativement petits attribués à chaque *maison* et destinés à subvenir aux besoins particuliers de la *familia*. C'était cet enclos familial, appelé *heredium*, que l'on cultivait, et au centre duquel s'élevait la maison.

Sous l'action d'influences qui nous échappent, mais dans lesquelles il convient sans doute de reconnaître un rôle prépondérant à l'Etrurie, la cabane ronde des pasteurs latins est abandonnée. A sa place surgit d'abord une cabane rectangulaire, élément autour duquel s'organise un ensemble complexe. Comme la *familia* comprend non seulement le père et la mère, mais aussi les enfants mariés et les serviteurs, il devient rapidement nécessaire de juxtaposer, à l'intérieur d'un même enclos, plusieurs cabanes. On obtient de la sorte une demeure formée, selon un plan immuable, de *cellules* élémentaires (fig. 1). Dans l'axe de l'entrée, au delà de la cour centrale, s'ouvre le *tablinum*, où dorment, sur le *lectus genialis*, le père et la mère de famille. Cette pièce est particulièrement sainte, puisque c'est d'elle qu'émanent toute fécondité et toute autorité. C'est là que se célèbre le culte domestique et que les dieux familiaux — le *Lar* et les dieux Pénates — ont leur chapelle : le plus souvent une sorte de placard, une niche ménagée dans la muraille, et que ferment deux volets. Là réside le *Genius* du père de famille, son démon protecteur, en même temps que la personnification de son être mystique. De part et d'autre du *tablinum*, un passage conduit vers le champ familial, l'*hortus*, où la fermière cultive elle-même ses légumes. Le long des palissades ou des murs qui forment le reste de l'enclos sont rangées d'autres cabanes, de façon à laisser libre une aire centrale, qui est la cour destinée aux besoins de l'exploitation agricole.

Ce type de maison rustique, adapté à un système

social de caractère patriarcal, persistera longtemps, à la campagne, sous une forme à peine évoluée, dans les *villæ rusticæ*. Mais, transporté à la Ville, il se fermera davantage sur lui-même — car, en

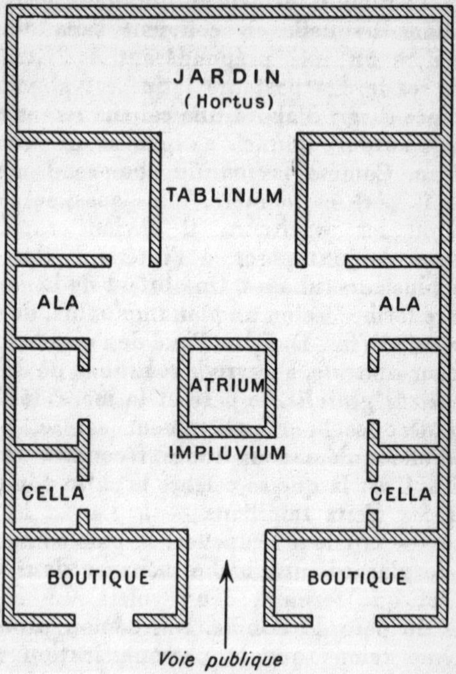

Fig. 1. — Maison urbaine primitive

ville, le terrain est rare et précieux — et finalement donnera naissance à la maison romaine classique : la cour centrale, réduite à la dimension d'une simple pièce, deviendra l'*atrium*, si caractéristique de la demeure romaine telle qu'on la décrit généralement. L'*atrium* est essentiellement une pièce à ciel ouvert, autour de laquelle s'ordonnent les autres appartements. L'espace laissé découvert porte le nom de *compluvium*, parce qu'il ouvre un libre passage aux eaux de pluie. Celles-ci étaient recueillies dans un bassin central, ou *impluvium*, généralement en communication avec une citerne souterraine. L'*impluvium*, rendu nécessaire par l'ouverture du toit, n'en est pas moins l'héritier et le successeur lointain de la mare où, dans la ferme primitive, venait s'abreuver le bétail. La partie de l'*atrium* qui n'était pas occupée par l'*impluvium* formait quatre passages dallés sur lesquels s'ouvraient les différentes pièces d'habitation et de service. Près de la porte d'entrée, les chambrettes des serviteurs, les magasins à provisions ; puis, les chambres des membres les plus jeunes de la *familia*, enfin, immuable, à la place d'honneur, le *tablinum*.

Il est possible que cette évolution n'ait pas été aussi simple que le suppose le schéma que nous venons de tracer, et qu'il ait existé, dans certains pays italiens, une « case » rectangulaire dont le toit ménageait une cheminée centrale largement ouverte. Et l'on admet parfois que l'*atrium* classique résulterait de l'élargissement de cette cabane primitive. Il est possible que ce type ait exercé une action sur l'histoire de la maison urbaine en contribuant à en rassembler les éléments divers, mais il est bien invraisemblable qu'il en soit à lui seul le modèle et l'ancêtre. Toute l'histoire de l'architecture domestique romaine montre que la maison de ville est non pas un élargissement d'une « chaumière » rustique, mais une adaptation et une réduction des fermes de la campagne.

Le mobilier de cette maison était encore fort simple : les lits vraisemblablement constitués par de simples toisons étendues à même le sol, les couvertures, de grossières étoffes de laine filées et tissées dans la famille par les femmes, les filles et les servantes, les tables, des planches posées sur trois ou quatre pieds. La cuisine se faisait sur de petits réchauds à charbon de bois, semblables à ceux que l'on trouve encore en usage autour du bassin de la Méditerranée, du Maroc jusqu'aux Cyclades : simples récipients en terre cuite, percés de trous pour assurer le tirage, et où l'on active le feu à l'aide d'un éventail de paille tressée. Ce foyer primitif persistera à travers toute l'Antiquité au moins chez les petites gens, et, plus tard, constituera un risque permanent d'incendie dans les appartements urbains. Le climat italien, où les jours vraiment froids ne sont pas fort nombreux, ne rend pas nécessaire de prévoir un chauffage permanent. Quelques braseros, un feu allumé dans la cour, permettaient de passer tant bien que mal une période moins clémente. Même plus tard, lorsque les progrès du luxe rendront plus impérieux le besoin de confort, il n'y aura guère, dans les maisons italiennes, de chauffage prévu que pour les bains.

Les ustensiles domestiques consistaient en vases de terre cuite, généralement fabriqués sur le domaine, avec la glaise qui se rencontre en abondance dans le sol. Plats ronds, coupes à engobe noire ou d'un rouge terne sont bien différents des vases élégants sortis, vers le même temps, des ateliers d'Athènes ou de Corinthe. La vaisselle grecque certes n'est pas inconnue, ainsi que le prouvent les découvertes archéologiques, mais elle demeure relativement rare, et, après le début du ve siècle, elle paraît s'être encore raréfiée, comme si le Latium, libéré de la tyrannie des rois, s'était en même temps trouvé à l'écart des grands courants du commerce méditerranéen. L'argenterie n'était pas tout à fait ignorée, mais son usage fort restreint. Un seul objet d'argent, dans les maisons campagnardes, la salière dans laquelle on prélevait pour les divinités domestiques, avant chaque repas, l'offrande de quelques grains de sel.

La nourriture quotidienne consistait essentiellement en légumes bouillis. Le chou, au dire de Caton, revenait souvent sur la table familiale. Un nombre relativement considérable d'espèces en était cultivé dans les jardins, et l'on assurait qu'il possédait toutes les vertus : il assurait d'heureuses digestions, calmait les douleurs d'estomac, les maux de tête ; il était utile contre la fièvre (recette particulièrement précieuse en ces pays où déjà apparaît la *malaria*) — et surtout, il ne coûtait pas cher. Pour l'assaisonner, on y mêlait un peu de viande de porc. Les forêts de chêne aidaient à engraisser des troupeaux de porcs qui vivaient en liberté autour de la ferme. Les bœufs, précieux pour les labours, étaient réservés comme victimes lors des sacrifices solennels. Alors, les entrailles une fois consumées sur l'autel, c'était une orgie de viande entre les célébrants. Mais de telles aubaines étaient rares. D'ordinaire, le lard, le jambon sont les seuls condiments auxquels on ait recours. L'art de fabriquer les fromages n'est pas inconnu, pas plus que les produits de la basse-cour, et le domaine familial tend à se suffire à lui-même. L'idéal du bon « père de famille » est de vendre, sans jamais acheter. Il en va naturellement ainsi de la nourriture, mais aussi des instruments agricoles. Pendant les journées d'hiver, les serviteurs, le maître lui-même, ses enfants réparent les jougs, les hoyaux, tressent des claies et des paniers avec des branches de saules ou des osiers que l'on a soin de planter aux lisières des parcelles pour cet usage. L'on ne se rend à la ville — en dehors de la participation aux assemblées politiques et aux tribunaux — que pour porter au marché le surplus des produits du domaine.

Autour du maître vivent quelques esclaves : ce sont parfois des prisonniers capturés lors de quelque guerre et trop pauvres pour payer rançon. Eux-mêmes, dans leur village natal du Samnium ou d'Ombrie, vivaient une aussi pauvre vie. Ils ont perdu la liberté, dépendent en tout du maître, mais leur condition matérielle n'est pas très différente de celle qu'ils avaient autrefois. Le maître travaille comme eux, laboure à leurs côtés ; sa table n'est pas moins frugale que la leur, et, aussi longtemps qu'ils peuvent rendre des services, on les conserve, on les ménage, on les soigne. Après cela, sans doute, le « bon père de famille » qu'est Caton veut qu'on les vende, comme bouches inutiles. Mais combien de fois cet atroce conseil a-t-il été vraiment suivi ? Il semble au contraire que la vie en commun ait fini par créer une sorte d'intimité entre le maître et son esclave. Beaucoup des serviteurs sont nés à la maison, fils d'une esclave et d'un de ses compagnons d'esclavage ; quelques-uns même ont des liens plus étroits encore avec la famille du maître, et il n'est pas rare que l'esclave passe sa vie entière à la ferme, où n'est pas seule à le retenir sa condition juridique mais où il trouve son véritable milieu.

*
* *

Le costume habituel du Romain, dès les temps les plus reculés, était la toge. Tous les citoyens de naissance libre la portaient, et, à l'origine, aussi bien les femmes que les hommes. Des différences de couleur et d'ornementation intervenaient, selon les âges, les rangs ou les fonctions, mais la forme du vêtement demeurait identique pour tous. D'ordinaire, la toge était en laine blanche. Les magistrats et, dans la Rome des premiers temps, les rois, dont les magistrats sont, chacun pour son compte, les héritiers partiels, portent une toge ornée d'une bande pourpre tissée parallèlement à la lisière. C'est la *toge prétexte*, dont on revêt également les enfants jusqu'à seize ans. La prise de la *toge virile* par les jeunes gens donnait lieu à une cérémonie religieuse et familiale. Elle marquait le passage à l'âge d'homme et l'accession aux droits du citoyen.

Parfois, dans une famille en deuil, ou lorsqu'un parent ou un ami était accusé d'un crime capital, les hommes revêtaient une toge de couleur sombre, le plus souvent noire. Lors d'un triomphe, le général vainqueur montait au Capitole couvert d'une toge brodée, la *toga picta*, tout entière de couleur pourpre, semblable à celle dont on revêtait Jupiter Capitolin. Les historiens font remonter cette coutume jusqu'au temps de Romulus lui-même. En fait, il semble bien que la toge soit un vêtement de tradition strictement nationale, auquel s'est toujours attachée une symbolique complexe. A l'origine, la toge devait être simplement un carré ou une bande d'étoffe, une couverture semblable à celles qui servent de vêtement à tous les peuples vivant dans un climat où une protection est nécessaire contre les intempéries. Puis, peu à peu, cette bande s'est adaptée ; on l'a taillée de façon à lui donner une forme permettant un drapé moins primitif. Les plus anciennes images de toges attestées par la sculpture ne remontent guère qu'au IIIe siècle avant notre ère. Des reconstitutions minutieuses ont prouvé qu'elle était constituée alors par une sorte de trapèze aux côtés incurvés (fig. 2). On commençait par poser la grande base (AB) sur l'épaule gauche, l'extrêmité inférieure (B*b*) descendant à mi-jambe, devant le corps. Le bras gauche soutient l'étoffe, pendant que le reste est ramené par derrière, sous l'aisselle droite. La partie A*a* fait le tour du corps et revient se poser sur l'épaule gauche.

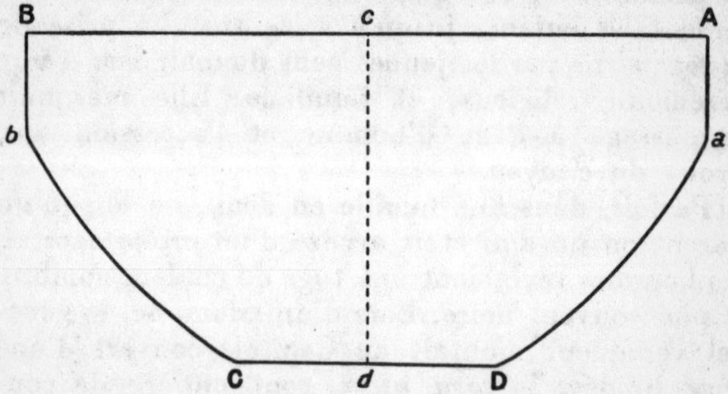

Fig. 2. — Schéma de la toge républicaine

Semblable vêtement, quelque décoratif et noble qu'il soit, est fort incommode, aussi le déposait-on pour le travail. Le Romain était alors vêtu seulement de sa *tunique*. Cette tunique était une simple bande d'étoffe, au milieu de laquelle était ménagé un trou pour le passage de la tête. Deux lés, rapportés transversalement ou, dans certains cas, tissés en même temps que le corps du vêtement, formaient des manches descendant seulement jusqu'au niveau du coude. Une ceinture serrait la taille et permettait un « blousé » sommaire. C'est dans ce costume que l'on représente les « soldats-paysans » de la République en train de labourer leur champ. Ils ne revêtaient la toge qu'au moment où l'on venait les appeler pour exercer une magistrature ou prendre un commandement militaire.

La tunique n'était pas toujours unie, mais comportait dans certains cas deux bandes de pourpre longitudinales. Des bandes larges *(tunica lato clauo)* indiquaient un rang sénatorial. Des bandes étroites *(angustus clavus)*, le rang équestre. La tunique des pauvres gens, celle des esclaves (dont c'était le seul vêtement, à l'ordinaire) étaient dépourvues de bande pourpre.

Ce costume masculin, la toge et la tunique, persista jusqu'à la fin de l'Empire, en dépit de quelques changements dans la forme et le drapé de la toge. Nous verrons que, dans la vie quotidienne, les Romains adoptèrent, pour des fins pratiques, des vêtements semblables à nos capuchons et à nos pantalons, la *pænula* et les *braies*, qu'ils empruntèrent aux Gaulois, ainsi que le *pallium* des Grecs. Mais la toge et la tunique ne furent jamais abandonnées.

Le costume féminin, au contraire, subit de meilleure heure des variations plus considérables. Déjà, au temps de la République, seules les petites filles et les courtisanes portent la toge. Les matrones jettent sur leur tunique un manteau drapé appelé *palla* qui, au contraire de la toge, recouvrait les deux épaules. Ce n'était qu'une écharpe de très grandes dimensions, descendant jusqu'aux genoux. En public, les femmes avaient coutume de s'en couvrir la tête, car il était considéré comme inconvenant qu'elles se présentent aux regards tête nue. Mais les premiers progrès du luxe exercèrent une influence certaine sur le costume féminin. Nous verrons que la sévérité traditionnelle de la *palla* et de la tunique sera bien vite compensée par le choix des étoffes, la variété des couleurs et aussi l'emploi des bijoux. La tunique elle-même se transforma et prit plus d'ampleur que la tunique masculine. C'est elle que nous trouvons, sous le nom de *stola*, dans les textes de la fin de la République et sous le Haut-Empire.

Quoi qu'il en soit, en ce début de la Ville, la rigueur et l'austérité du vêtement révèlent clairement l'esprit d'un peuple traditionaliste, soucieux de conserver les formes extérieures, considérant comme relâchement intolérable les innovations de la fantaisie individuelle, et discipliné jusqu'à la minutie.

En ces temps lointains, les Romains portaient toute la barbe, et les cheveux longs. Les femmes adoptaient des coiffures d'une grande simplicité, sur lesquelles nous ne sommes pas renseignés de façon bien précise. Il semble que les jeunes filles, par exemple, se soient contentées de ramener leurs cheveux en arrière, de façon à former un chignon noué, retenu par des épingles et des rubans. La coiffure rituelle des jeunes mariées (v. ci-dessous, p. 26) garde sans doute le souvenir de ces anciennes coutumes.

***

Plusieurs anecdotes rapportées avec complaisance par les historiens insistent sur le caractère sacré de la famille : le père rassemble dans ses mains toute l'autorité, conservant sur ses enfants, aussi longtemps qu'il vit, le droit de vie et de mort, pouvant, à son gré, répudier sa femme et même, après l'avis d'un tribunal familial, la mettre à mort. Même acquitté par les juges publics, un jeune homme doit encore compter avec la sentence de son propre père, parfois plus sévère. L'exemple le plus fameux de cette cruauté paternelle est celle du consul Brutus, libérateur de Rome, dont les fils avaient conspiré contre la République nouvellement établie. Le consul les fit châtier sous ses yeux, comme les autres conspirateurs, c'est-à-dire assommer sous le bâton et achever à la hache.

Pourtant, une sévérité aussi extrême demeure exceptionnelle. En pratique, la discipline familiale n'a d'autre effet que d'assurer la déférence des jeunes gens envers leurs aînés. Et ils ne leur ménagent pas les marques de respect. Dans le Sénat s'observe une stricte préséance des âges. C'est le magistrat le plus ancien dans le rang le plus élevé qui donne d'abord son avis, et, généralement, les autres s'y rangent. Rome à cet égard peut quelquefois apparaître comme une gérontocratie.

A l'intérieur de la maison familiale, la femme, que la loi considère toute son existence comme un être mineur, passant de la puissance paternelle à la puissance maritale, puis, si elle devient veuve, à celle de son fils aîné, est censée vivre une vie de dévouement, d'obéissance et de travail. Mais la femme libre n'est pas astreinte à n'importe quel travail. Les besognes serviles sont accomplies par des servantes. La maîtresse, elle, file et tisse. C'était là une sorte de convention d'usage que la légende faisait remonter à l'enlèvement des Sabines. Les filles sabines enlevées par les Romains avaient accepté leur sort à la condition qu'elles seraient honorées au foyer de leurs maris et n'auraient d'autre travail que de filer la laine. Ainsi, les mœurs apparaissent bien différentes de la condition théorique formulée par les lois. En réalité, la femme, la mère de famille, est entourée de respect, souvent de crainte. Elle règne en maîtresse sur les servantes, les filles et les brus. Elle a des prérogatives religieuses, dirige en toute indépendance l'éducation des enfants en bas-âge. Son mari l'écoute volontiers : elle lui conte ses rêves, ses intuitions, qui sont autant de présages, et pèsent sur la conduite de ces hommes superstitieux. A certaines dates de l'année, les femmes romaines se réunissent dans la maison du Grand Pontife, et là, loin de tout regard masculin, célèbrent les mystères de la Bonne Déesse, rites secrets, mais dont la continuation est essentielle à la sauvegarde de la Cité. Pour toutes ces raisons, il ne convient pas de tirer de la sujétion juridique de la femme des conclusions trop hâtives. Une civilisation qui attribue à la famille un rôle si éminent ne peut pas, dans la pratique, ne pas rendre à la femme ce qu'elle lui retire en droit. Il a même parfois semblé possible de déceler dans la condition qui lui est faite les traces d'un ancien matriarcat, qui aurait existé dans la société étrusque. Le matriarcat, étranger aux mœurs des envahisseurs indo-européens (qui forment le fond de la *race* latine), était pratiqué par les peuples « méditerranéens » qu'ils rencontrèrent sur le sol italien. Sans doute, les Latins ne l'adoptèrent-ils pas formellement, mais les unions qu'ils contractèrent, les contacts de toutes sortes qu'ils eurent avec des cités et un peuple auxquels même ils furent un temps soumis, les Etrusques, firent certainement beaucoup pour modifier leur conception de la vie familiale.

Les Romains considéraient que le plus grand crime que pouvait commettre une femme était l'adultère, et ils le punissaient de mort. La faute de la femme n'était pas de caractère moral — les hommes pouvaient, sans honte, rechercher la compagnie d'autres femmes, de basse condition, servantes ou prostituées — mais de caractère religieux. L'adultère est en effet une tromperie à l'égard des dieux domestiques. Les enfants qui en résulteraient seraient des *étrangers* introduits frauduleusement dans une communauté religieuse à laquelle ils n'ont pas le droit de participer. C'est un crime contre l'ordre social, qui met en péril l'existence même de la cité, en la séparant de ses dieux et en faussant le jeu normal de la religion. C'est pourquoi les femmes qui ne sont pas légalement intégrées dans un cercle religieux, esclaves, affranchies non mariées, peuvent librement disposer d'elles-mêmes. Nul ne le leur reprochera. Mais les matrones, les filles des *gentes* ne le peuvent point.

Seuls, à l'origine, les membres des familles patriciennes possédaient le droit de contracter une union reconnue par la loi. Cette union était célébrée selon des formes solennelles. La cérémonie consistait essentiellement dans la présentation de la jeune épousée aux dieux de sa nouvelle famille. Son moment décisif était, après la prise des auspices, une sorte de communion devant l'autel domestique, où l'on offrait un gâteau de froment. Une femme (la *pronuba*) qui avait été mariée, mais ne l'avait été qu'une fois, joignait les mains des époux. Le Grand Pontife, le Grand Prêtre de Jupiter (le *flamen Dialis*) assistent à la cérémonie, ainsi que dix témoins. Et ce mariage s'accompagne de tout un rituel pittoresque. Les amis du fiancé, les compagnes de la fiancée forment un cortège et chantent, alternativement, le chant d'hyménée, d'où ne sont pas absentes les plaisanteries et les interpellations licencieuses. La fiancée a revêtu un costume particulier : une *tunica recta*, c'est-à-dire une tunique tissée en hauteur par un tisserand debout. Ce vêtement, fabriqué ainsi selon une technique archaïque, passait pour être de bon augure, et, pour cette raison, il était aussi porté par les jeunes gens lors de la prise de toge virile. La fiancée le revêtait la veille du mariage et le gardait toute la nuit. Au matin, la jeune fille était coiffée selon un rite particulier. A l'aide de la pointe d'une épée, on partageait ses cheveux de façon à obtenir six tresses, qui étaient ramenées autour de la tête et maintenues par des bandelettes de laine. L'ensemble était probablement consolidé par des épingles ou des peignes. Mais la toilette de la mariée n'était achevée que lorsqu'on avait posé sur sa tête un voile de couleur jaune, le *flammeum*. Ce voile, très ample et long, ressemblait au manteau féminin, la *palla*, mais il était d'une étoffe légère et transparente. Ce *flammeum* était considéré comme un vêtement de bon augure, car il était porté par les épouses des flamines, qui ne pouvaient être répudiées par leurs maris.

Au soir, la jeune épousée était enlevée aux bras de sa mère et conduite en cortège, précédée de flambeaux, dans la maison du fiancé. Au moment de franchir le seuil, orné pour la circonstance d'une jonchée de feuillage, on la soulevait — en souvenir, disait-on, de l'enlèvement des Sabines, mais plus certainement pour éviter que, si elle trébuchait sur le seuil, un mauvais présage ne marquât son entrée dans sa future demeure.

*
* *

A Rome comme en Grèce, l'ensevelissement des morts était un devoir sacré. Refuser la sépulture à un cadavre, c'était condamner l'âme morte à errer sans repos, et, par conséquent, créer pour les vivants un danger réel, car ces « âmes en peine » étaient malfaisantes. Les Romains ont pratiqué simultanément les deux grands rites funéraires, la crémation et l'inhumation. La crémation est, depuis les origines, le rite le plus fréquent, mais il était certaines familles où la tradition voulait que l'on enterrât les morts et ne les brûlât point.

La mort une fois constatée, le fils aîné fermait les yeux de son père, l'appelait une dernière fois par son nom. Puis, le cadavre était lavé, paré, revêtu de sa toge, et exposé dans l'*atrium* sur un lit de parade, au milieu de fleurs et de guirlandes. Pendant plusieurs jours, joueuses de flûtes et pleureuses à gages faisaient entendre une musique funèbre. Puis, lorsque le moment était venu, un cortège se formait pour accompagner le cadavre hors de l'enceinte de la ville, où était dressé le bûcher. Il semble que, primitivement, la cérémonie eût lieu la nuit. Mais, d'assez bonne heure, on consacra à ces devoirs les heures de la matinée. Derrière les musiciens et les pleureuses marchaient des hommes portant des représentations de ce qu'avait été la vie du défunt. S'il s'agissait d'un chef militaire, ses victoires et ses campagnes étaient rappelées. Puis, dans le cortège funèbre des nobles, figuraient des clients ou des acteurs dont le visage était recouvert d'un masque à la ressemblance des ancêtres du mort, si bien que toute la lignée ancestrale semblait être revenue accueillir son descendant. Ce « droit d'images » *(jus imaginum)* était réservé aux patriciens. Ensuite venait le cadavre, porté sur une civière, le visage découvert. Il était suivi de ses parents et de ses amis, les hommes en toge de couleur sombre, les femmes les cheveux dénoués et en désordre. Aux funérailles des nobles, l'oraison funèbre du mort, sa *laudatio*, était prononcée sur le Forum par son plus proche parent.

Enfin, l'on parvenait au bûcher, sur lequel était déposé le cadavre, au milieu des parfums et des présents. Aussi longtemps que tout n'était pas consumé, les parents devaient demeurer au voisinage ; puis, au milieu des cendres chaudes, on recueillait les ossements calcinés ; on les lavait avec du vin et on les enfermait dans une urne, déposée ensuite dans un tombeau.

La forme des tombes était extrêmement variable. Aux temps primitifs, elles étaient constituées par des puits ou des chambres souterraines. Peu à peu, s'introduisirent d'autres usages. Le lieu où reposait l'urne fut surmonté d'un monument : *tumulus* conique ou pyramidal, chapelle abritant le buste du mort. Des tombeaux familiaux, comme ceux des Scipions, aux IVe et IIIe siècles avant notre ère, étaient de véritables demeures souterraines ornées de fresques. Les petites gens, d'abord ensevelis dans des fosses communes, finirent par s'assurer, de leur vivant même, une place dans de grandes tombes collectives, où, pour chaque urne était ménagée une niche, ce qui donnait à l'ensemble l'aspect d'un pigeonnier. D'où le nom de *columbarium* porté par ces monuments. Comme la loi interdisait les ensevelissements à l'intérieur de la Ville, les tombeaux étaient édifiés hors de l'enceinte, et, par un sentiment naturel, on cherchait à les placer en un endroit où ils seraient vus par le plus grand nombre possible de personnes. C'est pourquoi les routes, à la sortie des villes, étaient encombrées de tombeaux, sur plusieurs rangs de profondeur. Encore aujourd'hui, à Rome la Voie appienne, et surtout, à Ostie et à Pompéi, les routes, auprès des portes, présentent toutes les variétés possibles de monuments funéraires. Chacun a son emplacement déterminé, limité par des cippes. L'inscription qui contient l'épitaphe précise souvent les dimensions du tombeau, pour éviter toute spoliation et ajoute que « ce monument est exclu de l'héritage ». Ainsi la prudence tatillonne des Romains recourait-elle à tous les moyens légaux pour éterniser la dernière demeure de ses morts.

Chapitre II

LA RÉVOLUTION SPIRITUELLE ET CULTURELLE DU SECOND SIÈCLE AV. J.-C.

Les grands rythmes de la vie romaine, tels que les avaient établis plusieurs siècles de tradition, demeurèrent sans grands changements jusqu'au temps où Rome se fut rendue maîtresse de toute l'Italie péninsulaire — ce qui arriva un peu après la moitié du IIIe siècle avant notre ère, à la fin de la première guerre punique. Sans doute, le Romain de la classe dirigeante ne travaille plus guère à son champ. Il laisse ce soin à des esclaves ou à des journaliers qu'il paye. Pendant la plus grande partie de l'année, la direction de l'exploitation agricole est abandonnée au *vilicus*, intendant de condition servile qui est le représentant du maître, même devant les dieux familiers. Le *vilicus* offre, au nom du père de famille, les sacrifices rituels aux Lares. Il est responsable de l'entretien des terres et du bon état des troupeaux. Cependant, le maître est retenu au loin, par les nécessités de ses fonctions ou des campagnes militaires. Cette absence, bien souvent, lui pèse. Nous voyons par exemple Régulus, chargé de diriger une expédition en Afrique, demander instamment au Sénat de lui donner un remplaçant. Son *vilicus* est mort, le fermier de condition libre loué pour le remplacer s'est enfui avec le cheptel. Le domaine va périclitant, et Régulus craint que sa femme et ses enfants ne se trouvent démunis. Mais le Sénat refusa la permission demandée. On prit, aux frais de l'Etat, les mesures nécessaires pour compenser les pertes subies, et Régulus demeura en Afrique.

Ce cas n'est assurément pas exceptionnel. Si l'on voit encore, à la fin du siècle, Caton revenir à Tusculum entre deux campagnes, et vivre sur son domaine, bien vite les hommes d'Etat doivent s'établir à Rome et y demeurer. Les sénateurs ont l'obligation d'assister aux séances de la Curie, de plus en plus fréquentes. La conduite des guerres, l'administration des cités conquises, exigent des hommes de plus en plus nombreux. Le nombre des magistrats s'accroît. La vie campagnarde n'est plus, pour bien des patriciens, qu'un idéal inaccessible.

A côté d'une classe dirigeante « déracinée », on voit se constituer une plèbe urbaine qui, elle, n'a aucune attache avec la vie rustique. Ses origines sont diverses : anciens esclaves agrégés à la « clientèle » de la *gens* qui les a affranchis eux ou leurs parents, artisans immigrés, Italiens dépossédés par la conquête romaine, et bientôt chassés de leurs cités par l'invasion d'Hannibal, vétérans déshabitués du travail civil par d'interminables guerres. Ces éléments venaient grossir la population de Rome. Et, peu à peu, naissait toute une vie quotidienne adaptée à la Ville.

Comme les campagnards, les Romains de la Ville se levaient tôt. Les premières lueurs du jour, été comme hiver, marquaient le début de leurs activités. C'était le moment de prendre le premier déjeuner, une collation froide, composée de pain, de lait, de fruit et de fromage. Déjà, dans l'*atrium*, se pressent les clients venus saluer leur patron, et le solliciter pour toutes sortes d'affaires. Légalement, en effet, le client ne pouvait pas, à l'origine, ester en justice, et son patron était son représentant. Plus tard, le patron continua à lui donner assistance, et à l'aider de son *auctoritas*, c'est-à-dire son influence dans la cité. Puis, accompagné de ses clients qui lui faisaient une escorte d'honneur, le sénateur se rendait au Forum ou à la Curie. Là, il siégeait sur son tribunal (une simple estrade), s'il était magistrat en charge, ou bien apportait son témoignage, ou assistait tel ou tel de ses amis qui comparaissait devant les juges. S'il y avait séance au Sénat, il participait aux débats qui se prolongeaient parfois jusqu'à la tombée de la nuit et s'interrompaient légalement avec la chute du jour. Lorsqu'il le pouvait, le Romain revenait chez lui vers midi et prenait le *prandium*, une seconde collation, composée de mets chauds, mais toujours frugale et, semble-t-il, le plus souvent il n'y buvait pas de vin.

Au plus fort de l'été, il est probable que les heures chaudes étaient consacrées à une brève sieste, d'autant plus nécessaire que le soleil avait fait commencer la journée de meilleure heure. Si les affaires n'étaient pas pressantes, les dernières heures, jusqu'au soir, se passaient en conversations sur le Forum ou le Champ de Mars, et, enfin, venait le moment du repas principal, la *cena*. Ce repas ne se prenait qu'à la nuit close, et l'on considérait comme le signe d'une vie dissolue que de se mettre sérieusement à table alors qu'il restait un peu de clarté au ciel.

Les Romains doivent sans doute aux Etrusques les coutumes de la *cena*, où l'on mangeait couché, allongé sur des lits de table, trois convives prenant place sur le même lit. Mais cette attitude, que les monuments figurés et les textes nous ont rendue familière, n'a jamais été adoptée sans quelque réticence par les Romains eux-mêmes : les femmes ne paraissent pas à la *cena ;* elles s'asseoient, pour manger, et, lorsque les enfants sont présents, ce qui arrive rarement, ils sont également assis. Normalement, dans la salle à manger, s'installent neuf convives, sur trois lits disposés selon trois côtés d'un rectangle. Pour cette raison, la salle à manger prend le nom de *triclinium.* Vers la fin de la République, et sans doute sous des influences venues d'Orient, ce schéma classique fut remplacé par une disposition nouvelle. On utilisa de plus en plus un sofa semi-circulaire (appelé *stibadium*), sur lequel les convives étaient étendus côte à côte. Dans le *triclinium,* la place d'honneur est celle qui se trouve sur la droite du lit médian *(lectus medius).* C'est là que préside le maître de maison, les invités étant répartis selon leur rang sur le *lectus summus* (à droite du lit médian) et le *lectus imus* (à sa gauche). Devant chacun d'eux était posée une petite table où les serviteurs disposaient successivement les plateaux des différents services. Normalement, fourchettes et couteaux n'étaient pas employés. Seule, la cuillère — une cuillère large et plate — était utilisée pour les mets liquides. Les viandes étaient offertes découpées, et chacun prélevait avec les doigts les morceaux qu'il mangeait. L'usage des serviettes était courant. Entre les services, des esclaves venaient rincer avec une aiguière les doigts des dîneurs. D'autres faisaient circuler des coupes et versaient le vin. Autour des lits, c'était un va-et-vient continuel de serviteurs silencieux, attentifs à prévenir les désirs de chaque convive.

La *cena* comprenait ordinairement trois services. Toutefois, le premier service, les « hors-d'œuvre », ne commença guère d'apparaître qu'au dernier siècle de la République. Il était composé d'œufs, de poisson froid, de salades, de friandises diverses, généralement salées, et on buvait, pour l'accompagner, des vins doux sucrés de miel. Puis venaient les plats principaux : de la viande, mais de préférence de la venaison ou de la volaille. Le plat délicat par excellence était le poisson de mer, que l'on faisait venir de fort loin. Mais, peu à peu, les riches propriétaires se mirent à aménager sur leurs domaines, et notamment au bord de la mer, dans les villas campaniennes, de grands réservoirs, les *piscinæ*, où ils conservaient des poissons, autant pour les besoins de leur table que pour en faire commerce. De la même façon, et dès le début du Ier siècle avant notre ère, on vit surgir un peu partout autour de Rome des parcs à gibier. Là, vivaient en liberté, et comme à portée de la main, des sangliers, des cerfs, des daims, mais aussi des lièvres, voire des écureuils et des loirs, dont la chair était fort appréciée. Varron, qui décrit un parc de ce type, nous apprend qu'il comportait une volière établie sur un cours d'eau, pour élever des oies et des canards, encore à demi sauvages, des hérons, des cigognes, même. Ces volières abritaient encore pintades, paons et faisans, récemment acclimatés et importés d'Orient. Enfin il n'était pas de maison de campagne qui n'eût son pigeonnier et sa basse-cour.

Le troisième service de la *cena* était le dessert. On servait alors des fruits et des pâtisseries. Les fruits ont toujours été nombreux en Italie. Certains sont indigènes, comme les pommes, les poires, les prunes, les figues, les amandes, les noix et les châtaignes. Certains furent importés d'Orient : les cerises sont dues à Lucullus, le fameux gourmet, qui fut aussi un grand conquérant et le vainqueur du roi Mithridate. C'est au cours de cette campagne qu'il connut le cerisier, et, à son retour, il en planta quelques boutures dans ses jardins, où elles prospérèrent. De même, la pêche est originaire de Perse, mais nous ignorons dans quelle condition ce fruit se répandit en Italie. Il était déjà connu et apprécié des Romains. Grenades et dattes ne firent leur apparition qu'au début de l'Empire, lorsque le monde méditerranéen tout entier fut entré dans l'orbite commercial de Rome. Il en est de même des oranges et des citrons, dont l'image se rencontre pour la première fois sur une fresque contemporaine de l'empereur Auguste. Il fut un temps où l'Italie n'était pas la terre par excellence des orangers. Mais elle fut toujours celle des raisins. Un historien antique prête à l'un de ses personnages la remarque que les terres occupées par les Romains offraient partout des vergers et des vignes. Encore aujourd'hui, pas un jardin de banlieue, autour de Rome, qui n'ait sa treille. Les vignobles de Tivoli, de Frascati, de Velletri, sont célèbres, comme ils l'étaient dans l'Antiquité. De même, les crus de Falerne et du Massique, en Campanie, ont conservé une renommée particulière. Ces vins, fort lourds et capiteux, étaient conservés dans des amphores de terre cuite, dont le col était soigneusement luté avec de l'argile. Une étiquette portait le nom des consuls de l'année. C'est ainsi que le consulat d'Opimius (122 av. J.-C.) demeure à tout jamais fameux par la qualité de son vin.

Un tel vin ne pouvait être bu pur ; on le mêlait d'eau, dans de grands vases appelés d'un terme grec « cratères » (ce qui signifie exactement « mélangeurs ») et certains crus n'étaient appréciés que si on leur ajoutait de l'eau de mer — quelque étrange que puisse aujourd'hui nous paraître cette préparation. Une coutume d'origine grecque finit par s'établir. Après le repas, les convives commençaient à boire. Ils élisaient un « roi du festin », qui fixait à son gré le nombre de coupes et la qualité du vin que chacun devait boire. C'était le moment préféré des causeurs. Si le roi du festin était d'humeur paisible, la soirée se passait en conversations ou en distractions de bonne compagnie : jeux d'osselets, intermèdes de bateleurs, chansons accompagnées par un joueur de flûte. Aux jours de fête, dans les grands banquets, les convives aimaient à entendre chanter de véritables cantilènes, les « chants de banquet » *(carmina convivalia)* où étaient loués les vertus et les exploits des ancêtres. Mais si le roi du festin était un bon buveur, alors les convives s'échauffaient ; les osselets paraissaient un jeu d'enfant ; on réclamait les dés — ce qui était contraire à la loi — et l'on jouait gros jeu, jusqu'au moment où, dans les querelles et l'ivresse générale, la compagnie se séparât, chacun rentrant chez soi, tant bien que mal, au bras de son esclave.

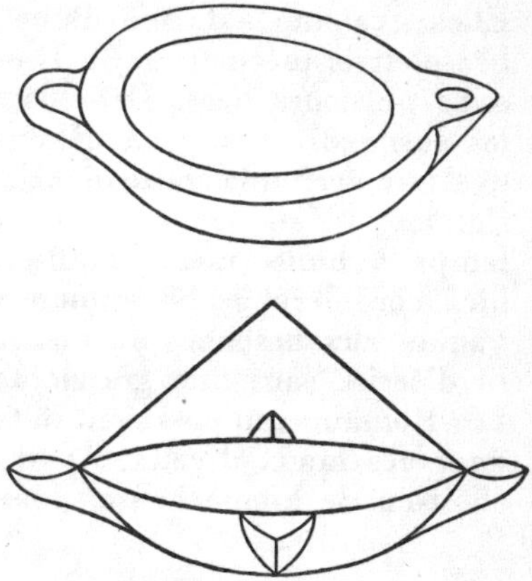

Fig. 3. — Lampes romaines

Naturellement, tous les jours n'étaient pas terminés par une *cena* aussi somptueuse. Bien souvent, ce n'était qu'un dîner familial et relativement frugal. Les excès mêmes des repas de fête nous sont garants de la modération des autres jours. On se couchait tôt. L'éclairage était faible. On disposait de chandelles de cire ou de suif et, chez les plus riches bourgeois, de lampes où l'on brûlait de l'huile d'olive à l'aide d'une mèche de fibre. Ces lampes étaient le plus souvent de terre cuite. Elles avaient la forme d'une cupule munie d'un bec pour la mèche (fig. 3). Il en existait en bronze, avec plusieurs becs. Des chaînes permettaient de les suspendre à des candélabres, si bien que l'on avait un véritable lustre où brillaient de nombreuses flammes. Mais la puissance d'éclairement d'une lampe à huile, même multipliée, ne saurait être bien considérable. Sa lumière permet de dîner, de vaquer aux besognes du ménage, mais non de lire ni d'écrire sans une grande fatigue pour la vue. Les Romains qui passaient outre contractaient souvent des maux d'yeux. Aussi, en général, se couchait-on de bonne heure, pour se lever de même.

***

Sous l'influence de l'Etrurie d'abord — pays par excellence des artisans du métal — puis de la Campanie, bientôt de la Grèce, et surtout de Corinthe, le mobilier domestique commence à se transformer. Le bois cède la place au bronze. Le lit de table par exemple se compose désormais, dans les maisons riches, d'un cadre métallique posé sur quatre pieds ouvragés. Des courroies de cuir étaient tendues en réseau de façon à supporter le matelas gonflé de duvet ou de laine sur lequel s'étendait le convive. Si l'on utilisait le bois, des appliques de métal, cuivre ou bronze, le recouvraient. Ces lits de table étaient aussi utilisés pour dormir. Leur mobilité permettait de les transporter aisément d'une pièce à l'autre. L'aménagement des différentes parties de la maison ne présentait pas la même stabilité que de nos jours, où l'on distingue traditionnellement la chambre à coucher, la salle à manger et le salon. Tel *triclinium*, une fois deux des lits enlevés et balayés les reliefs du banquet, devenait chambre à coucher. En plein été, par les nuits chaudes, il n'était certainement pas rare que l'on installât des lits dans la fraîcheur de l'*atrium*. Le caractère essenticl de l'ameublement antique est sa mobilité et son « interchangeabilité ».

Les tables ne sont guère que des guéridons, le plus souvent posés sur un pied unique, de métal ou d'ivoire. Le plateau est volontiers en bois précieux, et notamment en thuya *(citrus)* provenant des forêts d'Afrique du Nord. Certaines de ces tables atteignaient à la fin de la République des prix considérables, et l'on cite toujours en exemple celle que Cicéron acheta au prix de 500 000 sesterces (environ 5 millions de francs lourds) !

Il existait aussi des tables carrées, pour différents usages, utilisées chaque fois qu'il était nécessaire de supporter des objets pesants. C'est ainsi que, dans le *triclinium* même, les cratères, les aiguières, les amphores, étaient posées sur ces véritables dessertes, elles aussi mobiles, autour desquelles s'affairaient les serviteurs.

Les sièges, en dehors des lits de table, étaient généralement de simples tabourets sans dossier. La *chaise curule*, si caractéristique, avec ses pieds croisés en forme d'X (fig. 4), n'était pas un accessoire domestique, mais l'insigne des magistratures strictement patriciennes, et dites, pour cette raison, « magistratures curules ».

Mais le luxe grec commença par importer à Rome

des objets d'usage courant, et notamment des vases de formes diverses. Sans doute, nous l'avons dit, les coupes attiques ne sont pas inconnues à Rome dès le ve siècle avant notre ère, mais, à partir du troisième, l'on voit affluer des pièces d'argenterie, dont l'usage se généralise. A côté des coupes de forme classique, voici les *cyathes*, qui sont des gobelets profonds, aux flancs souvent ornés de reliefs symboliques. Les plus connus de ces objets proviennent du trésor découvert à Boscoreale, près de Pompéi, et l'on voit, sur un gobelet de cette nature, se détacher une véritable danse macabre, le squelette qui la mène, image de la destinée qui attend les convives, devant les inciter à cueillir les « roses de la vie ». Puis, ce sont les *scyphi*, des tasses munies de deux grandes anses; les *patères*, plus plates et plus larges — tous vases à boire. Pour puiser le vin aux cratères, voici toute la gamme des louches à longs manches, elles aussi ouvragées. Les cratères eux-mêmes présentent des décorations de toutes natures, godrons, reliefs figurés, comme ces danses de Bacchantes et de Faunes qui animent les flancs du grand cratère « Ludovisi ».

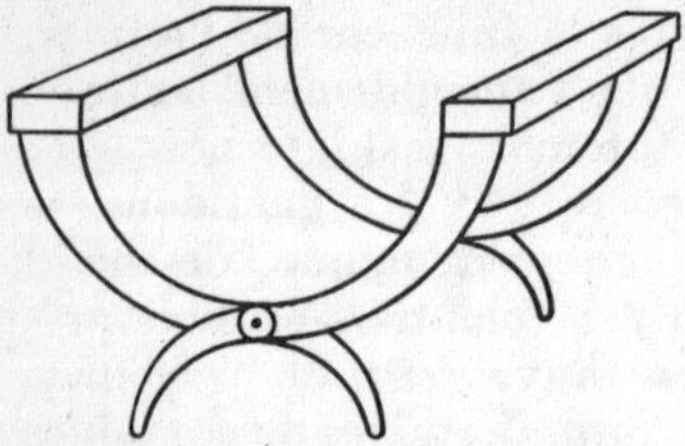

Fig. 4. — Siège curule

La principale innovation du second siècle av. J.-C. fut l'introduction d'une vaisselle de terre cuite, dite « poterie samienne », fabriquée d'abord dans les ateliers grecs de la mer Egée et bientôt reproduite par les artisans italiens. Cette poterie n'est plus peinte, comme la céramique grecque de l'époque classique, mais offre des images en relief, imitation des pièces de l'orfèvrerie hellénistique. Ainsi, les moins fortunés des Romains pouvaient se donner l'illusion de posséder eux aussi une vaisselle précieuse. La matière dont elle est faite est une terre fine, devenant très dure à la cuisson et permettant une grande délicatesse dans le détail des sujets, qui sont tantôt moulés directement, tantôt appliqués sur le vase après sa fabrication au tour. On trouve, dans la décoration, tout le répertoire familier aux orfèvres hellénistiques : scènes de banquet ou de chasse, scènes mythologiques, figures symboliques, scènes de la vie familière. La « poterie samienne », avec sa jolie couleur rouge et son vernis brillant, connut une vogue qui ne se démentira pas jusqu'aux second et IIIe siècles ap. J.-C. Les ateliers d'Arezzo, en Italie, seront relayés, au début de l'Empire, par ceux de Lezoux et La Graufesenque, en Gaule. Encore aujourd'hui, la découverte de tessons rouges avec leurs reliefs si caractéristiques indique à coup sûr la présence d'un établissement romain au voisinage.

Nous avons, avec cette histoire de la vaisselle domestique, un exemple très clair d'une évolution générale. Les formes grecques importées commencent par être le privilège de quelques Romains de la plus haute aristocratie. Puis, elles sont reproduites à bon marché par les artisans, et l'on voit naître une véritable industrie qui met ses produits à la portée de bourses moins bien garnies. Les prétendus progrès du luxe apparaissent bien souvent comme une véritable démocratisation d'un décor qui, dans le monde hellénique, était réservé à une élite restreinte.

*
* *

Les grandes conquêtes, au début du second siècle av. J.-C., avaient provoqué un enrichissement général des Romains. Cela fut d'abord sensible dans l'évolution de la monnaie. Primitivement, la seule monnaie consistait en lingots de bronze sans frappe : la valeur était celle du métal lui-même, selon le poids. Bientôt, cette monnaie primitive se transforma. Les lingots furent marqués d'une image moulée, le plus souvent la représentation d'un animal dont la valeur correspond à celle du métal. On place dans le dernier tiers du IVe siècle av. J.-C. le début d'une monnaie véritable, pièces circulaires en bronze de poids déterminé. Au revers, une proue de navire, au droit une effigie divine variable selon la valeur et le poids de la pièce. Le dieu Janus, dieu des commencements, servait pour la pièce unitaire, l'*as*, qui pesait, à l'origine, une livre romaine (un peu moins de 300 g), Jupiter pour le demi-as, Rome (ou Minerve ?) pour le tiers d'as, Hercule pour le quart et Mercure le sixième. Mais ces monnaies, lourdes et incommodes, ne présentaient qu'une valeur intrinsèque insuffisante pour les échanges courants. Le prix du gramme de bronze s'était amoindri. Les Romains connaissaient des métaux plus précieux et, un peu avant le début de la première guerre punique, il avait été nécessaire de recourir à un monnayage d'argent. Rome ne faisait d'ailleurs qu'imiter ainsi les monnayages des cités d'Italie méridionale. Le système établi alors comportait trois types de pièces. La base demeurait la livre, mais cette fois la livre d'argent, et non plus celle de bronze. La pièce de la valeur la plus élevée était le denier *(denarius)*, qui valait 10/12 de livre. Il y avait ensuite le demi-denier *(quinarius)*, et le quart de denier, le *sesterce*, valant 2/12 et demi du poids unitaire. Le sesterce devint très vite l'unité de valeur : assez faible pour ne pas nécessiter trop de sous-multiples, assez forte pour se révéler commode dans l'évaluation des prix usuels. Quand il s'agissait de sommes considérables, l'unité devenait non plus le simple sesterce, mais une valeur abstraite, indépendante de tout signe monétaire, les *cent mille sesterces*.

Les monnaies d'or furent longtemps regardées avec suspicion par les Romains. On leur reprochait de ramasser sous un trop petit volume des valeurs trop considérables. Aussi exigeait-on des peuples vaincus que les indemnités de guerre fussent payées en monnaies d'argent. C'était une faveur que de les autoriser à se libérer en monnaies d'or. L'exploitation des mines d'or fut interdite à plusieurs reprises au cours des IIIe et second siècles avant notre ère. Peut-être parce que l'or passait pour le métal « corrupteur » par excellence, peut-être pour diminuer l'afflux des richesses mobilières qui risquait de compromettre un équilibre social fondé sur la prééminence des biens immobiliers. Une classe de commerçants trop riche était un péril en face d'une aristocratie terrienne de plus en plus tentée d'abandonner ses domaines traditionnels pour des trafics plus lucratifs. Quoi qu'il en soit, l'usage des monnaies d'or fut d'abord exceptionnel. On ne le rencontre qu'au moment de la très grave crise militaire et économique consécutive à l'invasion d'Hannibal. On mobilisa, pour payer les soldats et les fournitures militaires, tous les objets précieux contenus dans les temples. Puis, les achats aux peuples étrangers, la solde des troupes dans des pays où, comme en Orient, la monnaie d'or était en usage depuis des siècles exigèrent l'emploi de ce métal. La pièce unitaire fut le *denier d'or*, du même poids et du même type que le denier d'argent. Mais son emploi ne devint fréquent qu'au début de l'Empire.

Il est naturel de se demander quelle était la *valeur* de cette monnaie romaine, c'est-à-dire son pouvoir d'achat. Mais, comme on peut s'y attendre, cette valeur a varié selon les époques. Le rapport entre les différents métaux n'est pas fixe. Le bronze, par exemple, perdit continuellement de sa valeur par rapport à l'argent. On admet en général que le sesterce d'argent avait une valeur du même ordre que dix francs « lourds ». Mais ces équivalences sont trompeuses. Elles dépendent non seulement de la quantité de métal fin employée dans chaque pièce pour une époque donnée, mais aussi, et surtout, du volume des signes monétaires en circulation. Or, à la fin de la République, se produisit une pénurie de numéraire, la production de métal précieux n'ayant pas augmenté en proportion de la richesse réelle. Le loyer de l'argent était cher. Aussi les prêteurs acquirent-ils bientôt une situation privilégiée dans la vie économique. Les dettes des particuliers se faisaient de plus en plus lourdes. Dans une large mesure, la « conjuration de Catilina » (en 63 av. J.-C.) résulte du mécontentement et de la gêne croissante des petits et des moyens propriétaires fonciers qui avaient, comme nous disons, des « difficultés de trésorerie » et souhaitaient l'abolition des dettes. Seuls, pouvaient résister les très grands propriétaires, qui exploitaient des domaines immenses. De façon paradoxale, le développement de la richesse mobilière, en même temps que la raréfaction relative des signes monétaires — ou tout au moins leur multiplication insuffisante — eut pour résultat la concentration de la propriété foncière. On vit se constituer alors une classe nouvelle, les possesseurs de *latifundia*, au détriment des petits propriétaires, jusque là les plus nombreux et la force réelle des villes et des villages italiens. Ces grands domaines sont exploités à l'aide d'armées d'esclaves, plus économiques et plus disciplinés que les travailleurs libres. Leur rendement avait beau être inférieur, leur prix de revient était très inférieur aussi. Avec une telle main-d'œuvre, il ne pouvait être question d'entreprendre des cultures délicates, aussi, de plus en plus, on développa les troupeaux. Les terres autrefois consacrées au blé, voire à la vigne ou à l'olivier deviennent des terrains de parcours. Une économie capitaliste remplace progressivement l'économie artisanale des siècles passés.

Mais on mesure sans peine les conséquences d'une semblable concentration économique. Les petits fermiers chassés de leurs terres, les journaliers sans travail affluent vers la Ville. La plèbe urbaine grossit. Ses moyens d'existence sont de jour en jour plus précaires, et il devient nécessaire d'organiser un système d'assistance. Ici encore, la tradition offrait une solution. La vieille coutume de la clientèle rendait le patron moralement responsable du bien-être de ceux qui lui étaient attachés. Aussi vit-on, de plus en plus, les clients accourir le matin dans les maisons nobles ou riches et demander la *sportule*. C'était le présent en nature que le patron assurait quotidiennement à son client pour lui permettre de subsister.

Mais, bientôt, le problème dépassa ce que l'on pouvait demander à une assistance privée. Il s'était déjà posé dans certains royaumes hellénistiques et, sur ce modèle, s'organisa peu à peu une véritable assistance publique, consistant en distribution de blé, de vin et d'huile à bas prix, et parfois gratuitement. C'est ainsi que commence à s'esquisser, dès les dernières années du second siècle av. J.-C., la physionomie de ce que sera la plèbe impériale, vivant d'une nourriture acquise sans travail, parasite d'un Empire qu'elle n'a pas conquis, insouciante du lendemain, mais prompte aux émeutes sanglantes, instrument docile à la voix des orateurs populaires et des démagogues.

*
* *

L'évocation de la plèbe romaine, si différente de ce qu'avait été, autrefois, ce peuple de laboureurs et de soldats, suggère tout naturellement l'idée des *Jeux* dont elle était si friande. La cité grecque avait son théâtre, où comédies et tragédies, représentées d'abord à l'occasion de certaines fêtes religieuses, avaient fini par se multiplier au point que, vers la fin de son existence comme cité libre, Tarente, par exemple, ne connaissait guère de jour sans représentation scénique. A Rome, les Jeux ont toujours existé. Mais ce sont, à l'origine, des cérémonies sacrées, destinées à « amuser » les dieux, selon un rituel minutieusement fixé. Sans doute les humains sont-ils admis au spectacle, mais celui-ci ne se déroule pas essentiellement pour eux.

Les plus anciens parmi ces jeux étaient les courses de chevaux organisées au Grand Cirque. Ils passent pour avoir existé dès l'époque royale, puisque c'est à cette occasion que les compagnons de Romulus auraient enlevé les femmes sabines. A la fin de certaines courses, le cheval vainqueur était sacrifié, et son sang utilisé pour des purifications rituelles, destinées à assurer la fécondité de la terre et du peuple. Ainsi la course elle-même était-elle essentiellement destinée à révéler la vigueur des animaux, et par conséquent à déterminer ceux dont le sacrifice serait le plus efficace à la collectivité. Le spectacle était donné par surcroît.

Il en est de même des grandes processions qui sont à l'origine des représentations théâtrales. Primitivement, les danseurs et les mimes (dont certains d'origine étrusque) figuraient une sorte de mascarade sacrée, destinée à réjouir les dieux dont les statues étaient, en ces jours de fêtes, solennellement promenées. C'est seulement au cours du IIIe siècle av. J.-C. que ces processions se transformèrent et qu'on isola des pantomimes puis de véritables pièces de théâtre jouées sur une scène. Tragédie et comédie de la sorte étaient nées. Ces *ludi scaenici* — ainsi les appelait-on, pour les distinguer des autres jeux — devaient beaucoup à l'influence grecque. Les poètes commencèrent par imiter les œuvres du théâtre hellénique, mais en conservant malgré tout certains caractères proprement italiens et latins. Devant ces représentations, les Romains ne se sentaient pas dépaysés, comme ils l'auraient été devant de simples adaptations. Les auteurs de pièces littéraires continuaient, dans une large mesure, des traditions nationales. A nos yeux, cela apparaît surtout dans la comédie, qui nous est mieux connue que la tragédie, dont les exemples conservés sont très fragmentaires. Il est certain que l'œuvre d'un Plaute doit beaucoup à l'exemple des bateleurs qui, depuis longtemps, et dès avant la naissance d'un théâtre romain, parcouraient les bourgades d'Italie centrale. Le public aimait à retrouver, même sous leur déguisement grec, les personnages familiers de la farce : le malin petit bossu Dossenus, le vieillard grondeur, Pappus, le gourmand Bucco, avec ses énormes joues, et Maccus, le *clown*, le paysan stupide, dont les balourdises enchantaient l'auditoire. Pourtant, la tradition veut que le public romain ait parfois préféré, même à la comédie, des exhibitions moins littéraires encore, et déserté en masse le théâtre en faveur d'un montreur d'ours ou d'un danseur de corde.

Il n'existait pas encore, à la fin de la République, de théâtre permanent. A l'occasion de chaque cérémonie, on érigeait une scène provisoire et des gradins de bois. En théorie, les spectateurs devaient rester debout. Leur permettre de s'asseoir eût été faire preuve de cette mollesse qui avait si visiblement perdu les cités grecques, et mettre en danger la grandeur de l'Etat romain. Signe de décadence, aussi, pour les vieux Romains, que la construction, enfin, en 55 av. J.-C., du premier théâtre de pierre, qui fut l'œuvre du grand Pompée. Ils ne se disaient pas qu'un théâtre de bois démoli et rebâti autant de fois qu'il le fallait n'était pas très différent d'un théâtre durable. Pour leur faire accepter celui-ci, Pompée dut présenter son édifice comme une simple dépendance d'un temple élevé à sa protectrice, Vénus.

Des jeux scéniques étaient parfois organisés par de riches particuliers, à l'occasion des funérailles d'un membre de leur famille. Ne soyons pas choqués de voir des comédies représentées aux jeux funèbres de Paul-Emile. Nous avons dit la part de spectacle impliquée dans les cérémonies funèbres, auxquelles prenaient part non seulement les vivants mais aussi les ancêtres défunts. Comme les jeux publics, les jeux funèbres sont des activités religieuses et constituent un rite, dans lequel le sentiment personnel des spectateurs compte peu. C'est à l'occasion des jeux funèbres que s'introduisit à Rome la coutume de donner des combats de gladiateurs. Il semble que l'usage en fut d'abord campanien, mais une influence étrusque n'est pas exclue. A l'origine, il s'agissait probablement de simples sacrifices humains, les prisonniers de guerre étant immolés aux funérailles d'un héros. Rome n'a jamais connu ce spectacle sous une forme aussi barbare. Lorsque les gladiateurs apparaissent aux jeux publics, à partir de 105 av. J.-C., ce sont déjà des combattants, opposés par couples, et qui défendent loyalement leur chance l'un contre l'autre. Un gladiateur vaincu, mais qui a opposé une défense courageuse, est parfois « grâcié » par un public sensible surtout à l'aspect « sportif » du combat et, moins que nous, à son horreur.

Les gladiateurs se recrutent parmi des criminels sous le coup d'une sentence capitale, et qui prolongent ainsi leur existence, mais aussi parmi des volontaires, des esclaves fugitifs désireux d'échapper aux poursuites, des hommes ruinés. Certains gladiateurs particulièrement habiles ou heureux faisaient de longues carrières et parvenaient à obtenir leur retraite. A la fin de la République, les agitateurs professionnels, les Milon, les Clodius, entretenaient des bandes de gladiateurs, dont ils faisaient leurs hommes de main et qu'ils jetaient dans la bataille électorale. Les gladiateurs sont entretenus par des entrepreneurs de spectacles, les *lanistæ*, qui les louent aux magistrats chargés de donner des jeux. Ils s'exerçaient dans des écoles spéciales, les *ludi*, et menaient une vie facile.

Il existait différents types de gladiateurs, que l'on distinguait d'après leur armement. Le gladiateur lourdement armé, avec son casque à visière, son bouclier long, sa cuirasse, était un « Samnite ». Le « Thrace », lui, se protégeait à l'aide d'un bouclier rond, et combattait au poignard. D'autres, les *rétiaires*, combattaient sans autre arme qu'un grand filet plombé et un trident. Ils lançaient le filet comme nous faisons l'épervier et paralysaient l'adversaire, puis ils le perçaient du trident, à la façon d'un pêcheur harponnant un thon.

Depuis le début du second siècle av. J.-C., on présentait aussi au public des spectacles de fauves. Là, ce n'étaient plus des hommes qui combattaient les uns contre les autres, mais des animaux sauvages : lion contre lion, lion contre panthère ou contre taureau. Mais il arriva bientôt que l'on opposât l'homme à la bête. Il y eut de grandes chasses, sur l'arène, avec des meutes de chiens lancés contre des fauves et des chasseurs, l'épieu et la lance à la main. Les magistrats à qui incombait la charge de donner des jeux s'ingéniaient, pour plaire au peuple, à découvrir des spectacles nouveaux. C'est ainsi que Pompée fit, le premier, paraître des rhinocéros. Depuis le temps des guerres puniques, les éléphants étaient bien connus des Romains, mais le public répugnait à voir massacrer ces animaux en qui l'on croyait deviner « quelque analogie avec l'homme ».

Le menu peuple aimait ces spectacles, exotiques ou sanglants. Son oisiveté, son irresponsabilité, le sentiment, aussi, que tout cela était monté, à grands frais, pour son amusement, tout contribuait à augmenter son plaisir. Mais les plus cultivés des Romains n'y assistaient que par devoir — parce que l'organisateur était leur ami ou leur allié politique, parce qu'il leur fallait tenir leur rang dans les manifestations collectives. En réalité, ils s'y ennuyaient, et préféraient la solitude studieuse de leurs villas.

*
* *

Les contacts directs avec la Grèce d'abord, la conquête de la Macédoine ensuite, puis les continuelles interventions dans les affaires intérieures des cités et des ligues, jusqu'à la création de la province d'Achaïe, après la destruction de Corinthe, en 146 av. J.-C., provoquèrent une véritable révolution spirituelle qui eut d'immenses retentissements jusque sur la vie quotidienne des Romains. Le vieil idéal qui faisait du citoyen le serviteur de l'Etat et subordonnait toute vie personnelle à l'activité publique se trouve mis en question par la découverte de la culture désintéressée et des disciplines de l'esprit. Désormais, il paraît aussi nécessaire de lire les philosophes que de se former à l'exercice des armes. La journée officielle une fois terminée, il est regardé comme légitime d'en commencer une autre, dans l'intimité de sa demeure. Et, lorsque venait l'été, les tribunaux se prirent à vaquer. Chacun allait passer les chaleurs dans ses villas, au bord de la mer ou sur les collines.

Cette évolution des mœurs se traduisit rapidement dans l'architecture domestique. Nous avons dit comment les antiques demeures campagnardes s'étaient rétrécies pour s'adapter à l'étroitesse des villes. Maintenant, se dessine un mouvement précisément contraire, dont nous possédons des témoins précieux dans les plus anciennes maisons conservées à Pompéi. Ce fut d'abord le développement de l'*atrium*. Au lieu du vieil atrium toscan, dans lequel le toit est seulement supporté par quatre poutres disposées en carré et traversant la pièce de bout en bout — ce qui limite les dimensions de celle-ci à la portée maximum d'une poutre — on imagine de cantonner le *compluvium* par quatre colonnes. Ainsi naquit l'*atrium tétrastyle*, qu'il fut possible de concevoir plus vaste que l'atrium toscan, grâce à une meilleure répartition de la charge. Puis, au fur et à mesure que le besoin d'espace devint plus grand, les colonnes se multiplièrent, et l'on eut l'*atrium corinthien*, qui est un véritable portique quadruple. Son nom indique sinon la provenance effective de ce type, du moins les associations qu'il évoquait dans l'esprit des Romains avec l'architecture hellénique. Et il en est de même pour le quatrième type d'atrium qui naît alors, l'*atrium rhodien*. Cet *atrium rhodien* n'est qu'un atrium corinthien dont l'un des petits côtés (celui du sud) est élevé sur deux étages de façon à garantir la pièce des ardeurs du soleil.

Il est hors de doute que nous ne soyons en présence, devant cette évolution, d'une influence exercée directement par la maison hellénistique. L'*atrium* conserve son nom romain, mais en réalité il est remplacé par un véritable *péristyle* du type de ceux que nous font connaître les maisons de Délos. La seule différence entre l'*atrium* et le *péristyle* est non dans leur disposition, mais dans les fonctions qui leur sont assignées. Comme les mœurs grecques ne comportent pas la visite matinale des clients, ni les grandes réceptions officielles qui marquent la journée du magistrat romain, le péristyle conserve un caractère essentiellement privé. Il est le centre de la vie domestique. C'est là que peuvent se tenir les femmes. Chez les Romains, au contraire, l'*atrium* demeure le lieu par excellence de la « représentation », et la vie privée doit se réfugier ailleurs. Pour cette raison, on constate, à Pompéi, que la maison tend à développer, au-delà de l'antique *tablinum*, toute une série d'appartements qui n'existaient pas autrefois. En quelque sorte, la maison officielle se double d'une maison privée, toute semblable à l'autre, mais fermée à la foule des clients et des visiteurs. L'architecture symbolise clairement la séparation qui est en train de s'introduire dans la vie quotidienne, entre les activités officielles et l'*otium*, le droit d'être soi-même.

C'est à Pompéi que nous trouvons les types les plus clairs de maisons « doubles ». Elles commencent à apparaître bien avant que la cité soit transformée en colonie romaine, ce qui arriva au temps du dictateur Sulla (vers 90-80 av. J.-C.), et il est certain qu'une évolution analogue se fit sentir à Rome même, aussi avons-nous, dans une certaine mesure, le droit de conclure d'une ville à l'autre. Là où, autrefois, dans la maison villageoise, s'étendait le potager (*hortus*, fig. 1), les architectes construisent comme un second atrium, ou plutôt un « péristyle » à la grecque (par exemple, dans la maison de Pansa, fig. 5). Dans l'axe, à l'emplacement qui, dans la maison ancienne, serait celui du *tablinum*, s'ouvre largement un grand salon, la « salle » par excellence (en grec, *oecus*, οἶκος). C'est là que se tiennent les réceptions privées, et c'est aussi le centre de vie familiale. La cuisine, autrefois voisine de l'*atrium*, est repoussée au fond du péristyle, ainsi que la salle à manger, ouverte, elle aussi, sur le portique. Au milieu du portique, comme dans un *atrium*, est souvent aménagé un grand bassin. Ou bien on y plante des fleurs et des plantes grimpantes qui s'accrochent aux colonnes. Une treille peut y trouver place, Le goût de la nature, si longtemps contrarié dans les étroites maisons urbaines, se donne libre cours. D'ailleurs, il n'est pas rare que le bassin de l'atrium soit entouré de mousse, de fougères, d'iris, de plantes aimant l'humidité, disposées dans de véritables jardinières où la terre est maintenue par des plaques de marbre ou de terre cuite. La sévérité traditionnelle de la demeure s'en trouve égayée. Jamais, à notre connaissance, les péristyles des maisons grecques n'avaient reçu pareille décoration. Ce que les Romains demandent aux progrès du luxe, c'est une évocation de la campagne, ce paradis perdu.

L'espace laissé libre au centre du péristyle n'est pas le seul qui soit, dans la demeure, consacré au jardin d'agrément. Si le vieil *hortus*, le potager, a disparu, pour laisser place au péristyle, en réalité un autre jardin est né. Il s'étend au delà de la « maison privée », et n'est plus consacré à la culture des légumes. Séparé de l'*œcus* par la largeur d'un portique (fig. 5), il est planté de lauriers, de lauriers-roses, de cyprès, de platanes disposés en bosquets. Çà et là, des statues de Faunes, des Bacchantes, des Nymphes, un Priape, évoquent la présence des forces invisibles de la Nature et des Esprits de la Terre. Souvent, l'autel domestique émigre du *lararium* vers le jardin. On construit, pour abriter les dieux de la maison, une petite chapelle qui devient le centre d'une composition en paysage. On y accède par une allée sinueuse, au détour d'un bosquet — comme, dans la campagne, aux sanctuaires rustiques. C'est vers cette époque que les Romains ont inventé, ou du moins vivifié l'art des jardins. Ils ont réussi à lui faire exprimer leur amour de la Nature, en une synthèse où s'unissent au goût inné des réalités, de la plante, de la fleur, de l'arbre, de l'eau courante, les formes de la plastique grecque. Cet art ne prendra son plein développement que plus tard, à partir du début de l'Empire. Pourtant, il est

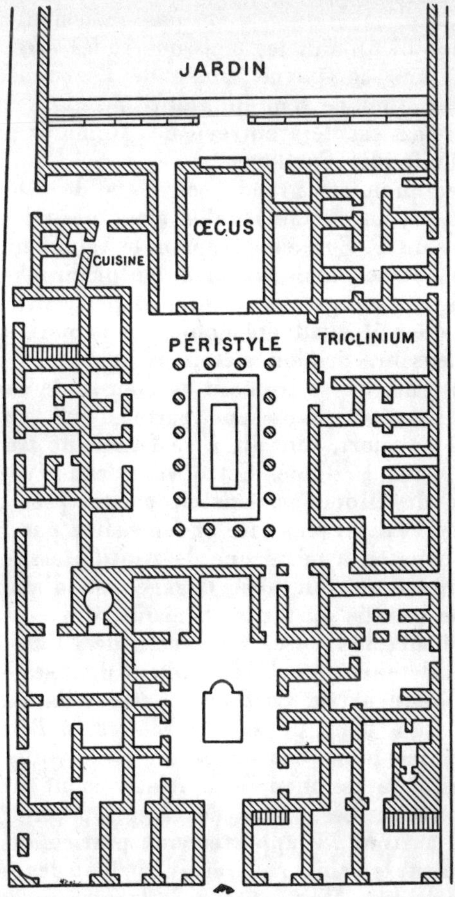

Fig. 5. — Maison à péristyle
(la maison de Pansa, à Pompéi)

déjà né dans les dernières décades de la République, et la conception de la vie qu'il symbolise, cette idée que la Nature n'est pas seulement la puissance qui produit les moissons et les êtres vivants mais une compagne aimée de l'existence quotidienne, tout ce semi-dilettantisme qui s'épanouira plus tard est déjà entrevu des Romains au temps où s'effondre Carthage.

Les premiers grands seigneurs de Rome dont nous soyons certains qu'ils aient possédé des jardins sont P. Cornélius Scipion, le vainqueur d'Hannibal, et ses amis, comme lui partisans déclarés de la culture grecque. Après la persécution politique dont il avait été l'objet de la part de Caton le Censeur, Scipion s'était réfugié en Campanie, à Literne, où se trouvait sa maison de campagne. Là, il vécut dans une sorte d'exil volontaire, et, à sa mort, interdit à sa femme de transporter ses restes à Rome. Cette villa, conservée par la piété des Romains, existait encore près de deux siècles et demi plus tard et fut visitée par Sénèque, qui nous en a laissé une description assez précise. L'impression qui s'en dégage est d'abord celle d'une grande austérité. Sénèque, qui était accoutumé aux luxueuses résidences de l'Empire néronien, s'étonne de voir la simplicité dont se contentait le vainqueur de Carthage. Cette villa est encore plus qu'à demi paysanne. Elle est à l'étroit derrière des murs cantonnés de tours, que rendent nécessaires les incursions relativement fréquentes de pirates. Les pièces de réception sont exiguës, mais surtout les appartements particuliers, et notamment le bain, « suffiraient à peine à des esclaves », dit Sénèque. Mais, autour de la maison, un grand parc planté de bosquets, partout de la verdure.

Le petit-fils par adoption du premier Africain,

Scipion-Emilien, posséda, lui aussi, une villa en Campanie. Là, pour se reposer des fatigues et des dangers, il faisait de longues promenades sur la plage et, avec son ami Lælius, se plaisait à ramasser des coquillages, à la manière des enfants. La villa, le jardin sont déjà les moyens d'échapper à la tyrannie de la Ville. Scipion-Emilien, dans sa jeunesse, avait suivi son père Paul-Emile lors de sa campagne contre le roi de Macédoine Persée. Il avait eu ainsi l'occasion de connaître les grands parcs de chasse que possédaient tous les souverains hellénistiques, et de chasser lui-même dans ces réserves royales. De retour en Italie, il avait continué à pratiquer, par goût, un sport jusque-là assez méprisé et abandonné aux campagnards (1). A son imitation, beaucoup de jeunes aristocrates commencèrent à entretenir un équipage et à courir le cerf ou le sanglier dans les montagnes et les forêts italiennes. Selon une vieille formule hellénique, la chasse apparut dès lors comme un exercice préparatoire à la guerre, et, à ce titre, reçut droit de cité à Rome, au même titre que tous les « sports » pratiqués jusque-là par la jeunesse au Champ de Mars, et qui se réduisaient surtout à un entraînement militaire intensif : lancement du javelot, le terrible *pilum* du légionnaire, course tout armé, sous la pesante cuirasse, escrime à l'épée, longues marches d'épreuve, dont on se délassait en se jetant dans le Tibre, par les temps les plus froids, et en pratiquant la natation.

La vie physique commence à se détacher de toute intention utilitaire. Il y a place pour le simple délassement, dans un cadre de nature aimable, pour le plaisir d'être un homme jeune et

(1) J. Aymard, *Les chasses romaines*, Paris, 1951.

vigoureux et soucieux de son corps. On ne pratique guère encore, pourtant, les exercices athlétiques à la grecque. Cette conquête est réservée à l'âge suivant. Quelque mépris s'attache, au moins à Rome — sinon dans le Sud, et en Campanie, où l'hellénisation est plus avancée — au lancement du poids, à la course de chars, à des épreuves minutieusement réglées, et qui n'ont d'autre but qu'elles-mêmes, à la façon des œuvres d'art. Mais il ne faudra plus longtemps pour voir les jeunes Romains se passionner aux exploits des athlètes, comme les éphèbes athéniens dans les gymnases.

C'est par la vie de l'esprit que l'idée d'un loisir désintéressé soustrait aux obligations de la Ville commença de s'imposer aux Romains. Dans l'une de ses villas, Cicéron fit aménager deux promenades, sur deux terrasses voisines. Il appela l'une le Lycée, l'autre l'Académie. Or, Lycée et Académie étaient les lieux où, dans Athènes, avaient enseigné Aristote et Platon. Les écoles qu'ils avaient fondées continuaient d'y vivre et d'y former deux des centres les plus vivants de la philosophie et de la pensée grecques. En baptisant ainsi ses jardins, le grand orateur affirmait non seulement son philhellénisme mais son désir de donner comme patrons à son existence privée — son *otium*, le « loisir studieux » — les deux plus grands philosophes de tous les temps.

Si le jardin est un lieu de repos, il est aussi l'endroit des conversations et des nobles entretiens. Depuis le milieu du second siècle av. J.-C., des « sages » grecs ont appris le chemin de Rome. De temps en temps, sans doute, le Sénat croit devoir en expulser quelques-uns, dont le zèle intempestif attire à eux les jeunes gens et les distrait des exercices militaires. Mais il demeure sans prise aucune contre tous les lettrés qui se sont agrégés aux grandes maisons, vivent dans l'intimité du maître, conversent avec les amis de celui-ci, le soir, une fois terminée la journée officielle, et forment peu à peu les enfants — qui sont de futurs sénateurs et de futurs magistrats — à la connaissance et au respect des choses de l'esprit. Cet afflux de Grecs cultivés commença au temps où, sous prétexte d'étouffer toute opposition dans les cités du Péloponnèse, le Sénat fit déporter en masse les plus importants personnages de leur bourgeoisie et les installa en Italie. C'est ainsi que Polybe se réfugia, à Rome même, dans la maison de Paul-Emile, et put exercer une influence déterminante sur l'esprit du jeune Scipion-Emilien. Peu à peu, chaque grande famille eut ses « philosophes » attitrés. Et, tandis qu'aux siècles précédents, la journée se poursuivait interminablement sur le Forum, le temps consacré aux affaires était désormais limité. On avait hâte, les devoirs civiques une fois remplis, de retrouver, dans le péristyle de sa demeure, la conversation de ses amis.

Il était naturel qu'une semblable évolution accrût le rôle et l'importance des femmes. Si elles étaient exclues du Forum et de la vie publique, leur place était marquée dans l'intimité familiale et, très rapidement, les dames romaines acquirent une culture et un raffinement qui les égalèrent à l'élite masculine. L'austérité antique se relâche. Lors de sa censure, Caton pouvait encore exclure du Sénat un noble romain coupable d'avoir embrassé sa femme en public — lui-même se vantait de ne témoigner quelque tendresse ostensible à la sienne que par temps d'orage, lorsqu'elle était effrayée par le tonnerre et les éclairs. Cinquante ans plus tard, pareille austérité était passée de mode.

Vers le temps des Gracques (à la fin du second siècle av. J.-C.), se constituent de véritables « salons » autour de quelques femmes. On sait l'influence exercée sur les deux tribuns eux-mêmes par leur propre mère, Cornélia, qui se chargea de leur formation intellectuelle et morale et fut en grande partie responsable de leur position politique, au moins en son principe. Trois quarts de siècle plus tard, voici le cercle de Clodia, où se réunissait tout ce que Rome comptait de jeunes élégants, mais aussi d'hommes d'esprit et de poètes. Clodia, sœur du tribun que détestait si fort Cicéron, mais pour laquelle l'orateur n'avait pas été sans avoir, un temps, quelque sympathie, est la *Lesbia* de Catulle. Cultivée, artiste, elle n'a plus grand chose de commun avec la traditionnelle « matrone », et ses mœurs sont libres. On parle avec quelque scandalc des fêtes qu'elle donne dans ses jardins au bord du Tibre. Mais Clodia ne se conduit pas en simple courtisane. Elle est mariée, et, si elle a des faiblesses pour Catulle, ou tel autre, elle ne s'efforce pas moins pour cela de favoriser la carrière politique de son mari. Bien des intrigues qui agitèrent la République romaine finissante eurent leur origine dans le salon de Clodia, ou dans ceux de ses rivales. Actives, volontaires, souvent intéressées et âpres au gain, les Romaines ne se résignent plus à filer la laine. Ce passé-là est bien révolu. L'antique mariage par *confarreatio*, dont nous avons évoqué la cérémonie, est de moins en moins pratiqué, car il ne peut être aisément rompu. On le remplace par des formes moins solennelles, autrefois inventées pour légitimer les unions plébéiennes, et qui admettent un divorce facile. Les juristes ont imaginé des moyens de rendre en pratique à la femme mariée la disposition de ses biens, et l'émanciper de ses tuteurs légaux. De plus en plus, la femme est indépendante, et elle use de ses droits nouveaux. Jamais les mariages n'ont été si aisément conclus et défaits qu'en cette période. Il en résultait que le nombre des naissances, au moins dans les familles de l'aristocratie, allait sans cesse en décroissant et le nombre des citoyens de vieille souche s'amenuisait de génération en génération, au profit des affranchis venus d'un peu partout, du monde hellénique et oriental en particulier. L'un des buts de la politique d'Auguste consistera précisément à tenter un retour vers les mœurs d'antan. Mais ce sera un effort vain.

CHAPITRE III

LE SIÈCLE D'AUGUSTE

Avec la fin de la République, Rome achève la conquête du monde. En Orient, ses légions atteignent le Caucase et les frontières de l'Arménie. Bientôt, le royaume d'Egypte, miraculeusement protégé contre l'annexion officielle, deviendra propriété personnelle des empereurs, qui pourront puiser dans ses inépuisables richesses. En Occident, la pénétration romaine se poursuit. Après la défaite de Jugurtha, des gouverneurs romains s'installent dans la partie occidentale de l'Afrique du Nord, et le royaume vassal confié au roi Juba favorise le commerce italien jusqu'aux portes de notre actuel Maroc. L'équipée de César en Gaule unifie les cités gauloises et remplace le rayonnement antique de Marseille par celui de Rome. Cuivre, argent, plomb et or d'Espagne et de Gaule, bois des forêts alpestres ou africaines, pêcheries de Gadès, pourpres tyriennes, soies chinoises importées du Turkestan par caravanes et tissées dans les îles grecques, et surtout à Cos, fruits des vergers de l'Oronte, statues, argenterie, vaisselles précieuses sorties des ateliers attiques, pergaméniens et alexandrins, tous les trésors du monde affluent sur les bateaux de charge qui remontent le Tibre et abordent au port de l'Aventin. Il semble que les Romains n'aient qu'à puiser et que leurs conquêtes doivent leur assurer une vie de luxe et de magnificence.

Or, par un singulier contraste, à ce moment se

dessine, à Rome même, une réaction contre les tentations et la facilité de la vie quotidienne. L'anarchie et les catastrophes sanglantes qui ont marqué la chute du régime républicain ont trop durement secoué les classes dirigeantes pour qu'elles ne sentent pas la nécessité d'un véritable « examen de conscience » et, peut-être, d'un retour à plus de « vertu ». A y bien regarder, d'ailleurs, les progrès du luxe n'avaient guère touché que les Romains de la Ville. La bourgeoisie des municipes et des villages italiens évoluait moins vite. Auguste, en sa petite enfance, fut élevé dans une modeste villa, à Velletri. Et cependant son père était un magistrat de haut rang. Livie, la femme d'Auguste, possédait aux portes de Rome une ferme célèbre pour sa basse-cour, où elle élevait une race de poules blanches, sans croire, pour autant, déroger. Encore au temps de Tacite, on parlera de la « parcimonie des provinciaux », pour en faire une vertu. Les traditions paysannes subsistent, mais à l'arrière-plan. Il convient d'ailleurs d'établir une distinction entre les pays de grande propriété, comme l'Apulie (les Pouilles, autour de Tarente), la Campanie, autour de Naples, la Toscane, où les immenses domaines ont chassé les travailleurs libres, et les terres moins riches, où s'accroche obstinément une population fidèle au passé. C'est le cas des pays montagneux, et aussi des anciennes colonies militaires essaimées au nord de la péninsule, sur la route des Gaules, le long de la côte provençale et jusqu'au fond de l'Espagne. Là, l'économie demeure agricole, avec ce que cela implique : rareté de l'argent et, en général, de la richesse mobilière, médiocrité des fortunes, nombre relativement restreint de serviteurs et d'esclaves. Ces bourgeois terriens, souvent Romains de fraîche date, envoient leurs enfants faire leur études à Rome — mais cela coûte cher, et ils ne le peuvent pas toujours. Alors, on s'efforce d'organiser sur place des écoles, où l'on appelle des maîtres que leur passé ne paraissait pas toujours destiner à ce métier. Et les enfants, instruits tant bien que mal, demeurent à la petite ville, et continuent les traditions paternelles. On commence à entrevoir — par exemple grâce aux confidences d'Horace sur les années de son enfance — toute une vie « municipale » où se projette comme une image attardée de la Rome traditionnelle.

L'effort d'Auguste ne visait donc qu'à proposer aux Romains de la capitale l'imitation de modèles qui n'étaient pas si lointains. Et, pendant quelque temps, on eut l'impression qu'il allait réussir. Lui-même donna l'exemple. Son biographe, Suétone, raconte qu'il ne voulut jamais posséder de grande maison, comme on en avait vu surgir au cours de la période précédente. Nous avons la bonne fortune de connaître la maison d'Auguste, sur le Palatin, et force nous est de convenir qu'elle est fort modeste. En son état actuel, nous y voyons trois salles principales ouvertes sur une cour intérieure. A un niveau supérieur, un petit péristyle ensoleillé, entouré de quelques dépendances. Demeure assurément moins somptueuse que la maison de Diomède, la maison du Faune, ou tel autre palais pompéien, avec leurs immenses péristyles, leurs colonnades ombragées, leurs œuvres d'art de facture hellénique. La « maison d'Auguste » au Palatin est le type même de cette réaction vers plus de simplicité dans la vie quotidienne dont le premier empereur fut l'avocat.

Jusque-là, il n'était pas rare que les murs intérieurs fussent décorés de marbres précieux, venus d'Afrique ou d'Asie. Lorsque la fortune du propriétaire ne permettait pas de telles extravagances, la peinture y suppléait, et l'on imitait, en trompe-l'œil, des incrustations de pierres exotiques. Mais voici que s'installe un nouveau style de décoration. L'idéal n'est plus de donner l'illusion d'un décor magnifique. Ce que l'on demande au peintre, maintenant, c'est d'abolir les murs, de les percer de fenêtres imaginaires à travers lesquelles l'œil découvre des paysages et des perspectives de jardins. C'est ainsi que, dans la maison d'Auguste, le grand salon présente comme deux larges baies qui paraissent donner l'une sur une forêt, et l'autre sur un ruisseau. D'un côté, un sanctuaire de Diane chasseresse ; de l'autre, une chapelle de destination moins nette, élevée à quelque divinité rustique. Ainsi, les habitants de la demeure ont l'illusion de vivre dans un décor de nature. Par un détour singulier, les formes nouvelles apprises par l'art décoratif tendent à retrouver l'antique « naturalisme » de la race romaine. Elles possèdent en même temps l'avantage de suppléer, par un jeu de l'imagination, à l'absence d'un vrai jardin. Car la Rome d'Auguste est une Ville où l'accroissement de la population rend plus impératif que jamais de mesurer la place. Si, dans la génération précédente, quelques grands seigneurs, comme Lucullus et l'historien Salluste, ont pu créer d'immenses parcs, où étaient réalisés en vrai des paysages analogues à ceux qui étaient peints sur les murs de la maison du Palatin, Auguste n'encourage pas ses amis à suivre leur exemple. L'un d'eux possédait, sur l'Esquilin, une vaste demeure. Auguste ne lui en fit pas reproche, mais, devenu son héritier, s'empressa de faire raser cette maison trop encombrante et consacra le terrain à des édifices d'intérêt public. Peu à peu, la Ville qui, si l'on avait continué d'obéir aux tendances manifestées jusque-là, aurait fini par ressembler à Pompéi, telle que nous la voyons, avec ses « hôtels particuliers » et ses maisons de plaisance, tend de plus en plus à restreindre l'espace habitable. Quelques images contemporaines (confirmées par des fouilles comme celles que l'on voit sur le Caelius sous l'église de Saint-Jean-et-Paul) nous montrent ses rues en pente, escaladant les collines, et bordées de maisons entassées et étroites où, sur les terrasses, les femmes guettent les allées et venues de leurs voisines. Le vieil *atrium* italique est en voie de disparition. A Rome, seules les antiques *domus* des familles nobles en possèdent encore, mais on n'en construit plus. Pour loger la foule de plus en plus nombreuse, il faut recourir à des solutions économiques. Les architectes inventent alors l'*insula*.

On appelle *insula* ou « îlot » un immeuble de toutes parts entouré par des rues — comme l'était d'ailleurs la *domus* à atrium — mais, à la différence de celle-ci, recevant presque exclusivement sa lumière d'ouvertures donnant sur la voie publique et non sur une cour intérieure (fig. 6). Le caractère essentiel de l'*insula* est de présenter de nombreux étages, auxquels on accède par des escaliers ouvrant directement sur la rue. Ce procédé, encore pratiqué dans bien des immeubles du vieux Gênes, par exemple, possède l'avantage de procurer l'indépendance aux étages supérieurs, et d'économiser l'espace en dispensant d'un vestibule commun. Ainsi était-il possible d'installer plusieurs familles différentes dans une même maison, en différents appartements. Parfois, une source auxiliaire d'air et de lumière est demandée à une courette, ou plutôt à un « puits » ménagé à l'intérieur de l'*insula*. La piété des habitants y installe alors l'autel domestique commun à tout l'immeuble ; un peintre figure sur les murs l'image de quelques plantes. Une volonté tenace ne peut se résoudre à laisser disparaître le souvenir de la nature. Mais ces sug-

Fig. 6. — Reconstitution d'*insula*
(J. CARCOPINO, *Vie quotidienne*, trad. anglaise, p. 26-27)

gestions de ce qu'avait été, au siècle passé, le cadre ordinaire de la vie quotidienne ne font guère que souligner la révolution introduite par les conditions nouvelles de l'existence dans la Ville et, en quelque façon, la déplorent.

Une fois introduites à Rome, les *insulae* s'y multiplièrent, au dépens des *domus*, et finirent par transformer la physionomie de la Ville. Souvent très élevées, elles comportaient cinq ou même six étages. Mais, seuls, les trois premiers étaient construits en ciment revêtu de briques. Le reste était fait de matériaux plus légers, et les parties supérieures, souvent, de bois. Les entrepreneurs et les propriétaires réalisaient de la sorte des profits certains, mais au détriment de la solidité et de la sécurité. C'est un lieu commun des poètes et des moralistes que d'évoquer la fréquence des écroulements de maisons et celle des incendies. Dans ces entassements humains en des espaces de plus en plus étroits et de plus en plus fragiles, on peut imaginer les risques présentés par l'usage exclusif du réchaud à charbon de bois pour la cuisine et le chauffage. Une braise mal éteinte contre une paroi de torchis, et c'est le feu dans tout le « bloc ». Ailleurs, les planchers surchargés s'effondrent ; ou bien l'addition d'un étage supplémentaire compromet gravement la solidité d'un mur que l'architecte n'avait pas prévu pour tant de poids. Le nombre et la gravité des accidents survenant aux *insulæ* amenèrent Auguste à organiser un corps de *vigiles*, plus particulièrement chargés d'assurer la sécurité nocturne de la Ville et de lutter contre les incendies. Une satire de Juvénal demeurée célèbre peint les difficultés et les embarras que rencontrera le promeneur dans la Rome de Domitien : rues étroites, charrois énormes pour d'éternels chantiers de construction, cortèges funèbres, fracas, encombrement, fumée des réchauds, tout cela existe déjà au temps d'Auguste et rend pénible le séjour à la Ville.

*
* *

La foule qui se presse dans ces rues ne présente plus l'aspect de jadis. Il y a deux siècles et plus que les hommes ont pris l'habitude de raser leur barbe et parfois même leurs cheveux. Mais, depuis la fin de la République, on se contente de porter ceux-ci très courts, le front et le cou également dégagés. Il arrive que l'on frise au fer les cheveux rebelles, de façon à former un grand nombre de petites boucles : même les hommes se soumettent à ce traitement, qui scandalise les moralistes. Pour se raser, l'on doit obligatoirement avoir recours à un barbier, car les rasoirs rudimentaires ne permettent pas de le faire soi-même. Le barbier, installé en plein vent ou dans une boutique, entouré de ses clients qui, sur des bancs, bavardent de leur mieux en attendant leur tour, commence par mouiller la figure du patient. Puis, avec lenteur, aiguisant fréquemment son rasoir sur une pierre, il entreprend sa besogne. Les accidents n'étaient pas rares, et une loi fixe les dommages auxquels peut prétendre le client mutilé. Les riches Romains ont leur barbier particulier, auquel ils se confient à l'exclusion de tout autre.

Le costume, lui aussi, a perdu sa belle uniformité et aussi de sa sévérité. L'afflux des étrangers venus d'Orient et d'Occident a introduit des usages nouveaux, qui l'ont en pratique transformé. De plus en plus on porte le *pallium* qui est, à l'origine, un manteau grec et se drape de façon beaucoup plus simple que la toge : longue bande de tissu laineux et souple, il se pose seulement sur une épaule et s'enroule autour des reins. Il ne nécessite ni coupe, ni couture, ni broche spéciale pour le fixer et le maintenir en place. Toutes ces raisons le firent adopter par le petit peuple, les « intellectuels » (le *pallium* est, traditionnellement, le vêtement du philosophe) et aussi les nobles Romains lorsqu'ils n'étaient pas en « représentation » officielle. Pendant les deux années de son exil dans l'île de Rhodes, Tibère ne voulut pas d'autre vêtement. Le *pallium* apparaît comme le vêtement par excellence du loisir studieux.

Mais, depuis longtemps déjà, les Romains connaissaient des manteaux plus ajustés et convenant à des climats plus froids que le leur. Ainsi, la *pænula*, qui est un capuchon d'aspect moderne. Ils la devaient aux Gaulois de la Cisalpine, et la première mention qui en soit faite par un auteur romain remonte au temps de la seconde guerre punique. Pourtant, l'usage ne s'en généralisa guère qu'à l'extrême fin de la République et au début de l'Empire. On s'en servait surtout pour voyager, pendant les heures interminables où l'on était cahoté au pas des attelages, ou, si l'on empruntait les canaux, comme Horace se rendant à Brindes, c'était une protection précieuse au cours des nuits que l'on passait dans l'humidité et le froid de la rivière. Les soldats la portaient aussi au cours de leurs campagnes dans les pays au climat plus rude, en Gaule, en Bretagne, sur les rives du Danube, dans les Alpes, en Germanie. Mais, à partir de l'Empire, il ne sera pas rare non plus de voir circuler des vieillards enveloppés de la *pænula*, dans les rues de Rome et même paraître aux jeux dans cette tenue que l'on considère comme négligée. L'étoffe de la *pænula* est un lainage épais, souvent hérissé de longs poils, qui offre une protection très efficace contre les intempéries.

La *pænula* se portait directement sur la tunique, à l'exclusion de tout autre vêtement. Mais il était parfois nécessaire d'avoir recours à un manteau plus léger et susceptible de recouvrir la toge — par exemple, lorsque, pour assister à une cérémonie, on ne pouvait se dispenser de revêtir le costume officiel, tout en jugeant souhaitable de protéger ses épaules contre le froid. Pour répondre à ces exigences, les Romains disposaient de la *lacerna*, qui présente à peu près la même forme que la toge primitive, mais se porte simplement posée sur les épaules, où elle est retenue par une lourde fibule. S'il pleut, on complète la *lacerna* d'un capuchon amovible, le *cucullus*, qui emboîte largement les épaules.

De même qu'ils avaient emprunté aux Gaulois la *pænula*, les Romains leur devaient les « braies », qu'ils qualifiaient volontiers de « barbares », mais qu'ils n'en portaient pas moins à la campagne et à la chasse. Ces *bracæ* sont des pantalons collants, descendant au-dessous du genou, et souvent continués par des bandes molletières, appelées *tibialia*. Semblable costume, il est vrai, demeura toujours exceptionnel dans la Ville. Le plus souvent, ou bien l'on ne portait sous la tunique qu'un caleçon très court, ou bien l'on se contentait d'une petite culotte de lin couvrant les cuisses, et appelée pour cette raison *feminalia*.

Une si grande variété de vêtements qui, à l'usage, se révèlaient singulièrement plus pratiques que la toge, eut pour résultat de rendre le port de celle-ci beaucoup moins fréquent. On raconte qu'un jour Auguste rencontra sur le Forum un groupe de citoyens vêtus de *lacernæ* sombres, et il en fut indigné. « Voici, dit-il, les maîtres du monde ! Regardez-les, eux, le peuple de la toge ! » Et il rendit aussitôt un édit enjoignant d'éloigner du Forum les citoyens qui n'y paraîtraient pas en toge. Cet édit, pris dans l'excellente intention de rendre plus de dignité aux manifestations de la vie publique, consacre à nos yeux le divorce de plus en plus flagrant entre celle-ci et l'existence quotidienne. On se soucie peu de l'apparence, et bien davantage du confort. La vie officielle n'est plus — et encore pour quelques-uns seulement, ceux qui ont le pesant honneur d'y participer — qu'une représentation ennuyeuse, dont on se décharge aussi vite que possible. L'existence véritable est ailleurs. Cette séparation se traduit par l'évolution de la toge qui s'alourdit, devient plus encombrante que jamais et s'embarrasse de drapés fort complexes. Elle descend maintenant bien au-dessous des genoux, et il est pratiquement impossible de se livrer à une autre activité que la parole ou la figuration dans ce costume sculptural.

*
* *

L'adoption d'un costume vraiment pratique était d'autant plus indispensable que les Romains commencent alors à voyager beaucoup. Non seulement un grand nombre d'entre eux sont appelés à se rendre dans les provinces de plus en plus lointaines pour y exercer des fonctions publiques, mais les simples particuliers possèdent, à des distances quelquefois considérables, des villas et des domaines où ils passent les mois les plus chauds. De plus, les dernières décades de la République ont vu s'intensifier les échanges commerciaux. Beaucoup de « chevaliers » (les membres de la bourgeoisie d'argent) ont des intérêts dans des compagnies bancaires ou s'intéressent à quelque trafic. Pour toutes ces raisons, le nombre des voyageurs augmente sur les routes et dans les ports. Auguste entreprit, après les années de troubles et les guerres civiles, la réorganisation du réseau routier, qui, à l'origine, possédait un caractère essentiellement militaire, la route et les *colonies* qui la jalonnent témoignant des progrès de l'occupation effective. Peu à peu, ce réseau est adapté aux besoins de la paix. On s'efforce d'élargir les routes, pour permettre le roulage, et de créer des rameaux secondaires desservant les municipes situés à quelque distance de la route principale. La plus célèbre de toutes les routes romaines demeure la Voie Appienne, qui fut tracée en 312 av. J.-C., par le censeur Appius Claudius, entre Rome et Capoue, et fut le premier trait d'union entre Latium et Campanie. Cette route, successivement prolongée jusqu'à Tarente et à Reggio di Calabria, où, par un bac, elle permettait d'atteindre la Sicile, subsiste encore dans son état antique aux portes de Rome. Large de 4 m. 30 environ, elle est entièrement pavée d'un basalte polygonal dont les dalles sont solidement imbriquées les unes dans les autres et forment une chaussée indestructible. Ne croyons pas, pourtant, que toutes les routes romaines fussent semblables, ni même que le pavage de la Voie Appienne se continuât jusqu'à son terme. Plus souvent, la route était seulement empierrée et sablée, et sa largeur, parfois, ne dépassait guère 2 mètres, ce qui rendait le croisement des véhicules assez délicat. En été, sur ces chaussées, la poussière était intense, et, l'hiver, certains passages se transformaient en cloaques. Généralement, au voisinage des cités, les autorités locales se préoccupaient de les améliorer, mais entre les grandes villes, de longs parcours demeuraient difficiles. Aussi, lorsque cela était possible — et de plus en plus, à mesure que l'on avance dans l'histoire de l'Empire — utilisait-on les voies maritimes.

Sur ces routes, les voyageurs allaient parfois à pied — il y avait, le long de la chaussée, une allée prévue pour les piétons, mais, naturellement, dès que l'on voulait parcourir une distance un peu longue, il fallait avoir recours au mulet ou au cheval. Et comme, seuls, les plus pauvres voyageurs n'emmenaient aucune suite avec eux, il n'était pas rare de rencontrer les cavaliers par groupe : le maître sur un cheval, les esclaves sur des mulets. Un animal de bât portait les bagages, les provisions de route notamment, car certaines étapes étaient longues et se déroulaient à travers des campagnes sans ressources. Si le voyageur était un personnage quelque peu considérable, c'était toute une caravane qui se déplaçait sur la route. Le maître était installé dans un chariot à quatre roues, d'origine gauloise, appelé *ræda*. Il voyageait couché sur un matelas qui garnissait le plancher de la voiture — précaution nécessaire car le véhicule était dépourvu de ressorts, et les cahots étaient pénibles, bien que l'allure fût, en général, le pas. Un second chariot pouvait contenir les bagages, et les gens chevauchaient en avant et en arrière. Ils étaient armés, pour prévenir les mauvaises rencontres ; les brigands n'étaient pas rares, et il fallut qu'Auguste organisât de véritables expéditions militaires pour en débarrasser certaines contrées de la péninsule. Les voitures des bagages contenaient souvent de véritables trésors. On raconte que César ne se déplaçait pas sans emmener avec lui — et même en campagne — des pavages de mosaïque. Les grandes dames utilisaient volontiers des litières, portées par des esclaves. Les Bithyniens étaient renommés pour cet emploi.

Les nobles Romains envoyaient en avant des coureurs chargés de préparer leur gîte. Le plus souvent, lorsqu'ils n'étaient pas en voyage officiel et que les cités ne les accueillaient pas à ce titre, ils descendaient, chaque soir, dans la villa de quelque ami où l'intendant, prévenu, leur avait préparé une réception digne de leur rang : banquet, bains surtout, très nécessaires après les longues heures de route dans la poussière ou la boue. Il arrivait même que l'on possédât soi-même un pied à terre d'étape *(deversorium)* sur les routes que l'on était amené à parcourir fréquemment. Lorsque manquaient ces ressources, et que l'on ne voulait ou ne pouvait recourir au campement sous la tente, on descendait à l'auberge.

Ces auberges, installées le long des grandes routes, à travers tout l'Empire, ressemblaient assez aux caravansérails de l'Orient : une cour autour de laquelle sont disposées des écuries pour les bêtes, des remises pour les voitures. Le premier étage offre une galerie sur laquelle s'ouvrent les chambres des voyageurs. Peu ou pas de mobilier. Chacun s'installe comme il peut, fait sa cuisine, a recours aux offices de ses gens. Des auberges de ce type étaient fréquentes dans l'Antiquité. D'autres, d'un genre plus relevé, offraient davantage de ressources aux voyageurs. A l'auberge proprement dite était jointe une taverne, où l'on trouvait des repas chauds, parfois des vins de qualité et joyeuse compagnie. Le long des routes, aux jours de chaleur, le cavalier écoutait l'invite de la cabaretière syrienne, que le petit poème virgilien nous montre, au milieu de son jardin, sous la treille, versant à boire et dansant au son d'une musique de guinguette. Ces tavernes avaient des enseignes, variables selon les pays, et un nom : « Auberge du Chameau », « Auberge de la Poule », « Au Grand Aigle », et mille autres, qui se plaçaient sous l'invocation de Mercure (protecteur des marchands et des voyageurs), d'Apollon ou de Vénus. La principale clientèle de ces auberges était formée par les muletiers, les petites gens, les rouliers, et il n'était pas fréquent qu'elles eussent à abriter de hauts personnages.

*
* *

Les menus d'auberge, en effet, n'auraient point convenu aux riches Romains, qui avaient oublié la frugalité ancestrale. Nous avons dit comment les repas s'étaient compliqués depuis un ou deux siècles déjà, mais, avec le début de l'Empire, nous voyons la cuisine devenir un art véritable et donner lieu à toute une série de traités, dont le plus célèbre, qui nous a été conservé, est celui d'Apicius. Il nous permet d'avoir au moins une idée précise de quelques « recettes » romaines (1).

Quoi qu'on en ait dit, la cuisine de l'époque impériale n'est pas sans se soucier de l'hygiène. Bien des recettes proposées par Apicius sont présentées comme propres à guérir tel ou tel malaise et, en cela, son traité n'est pas sans quelque parenté avec les préceptes antiques de Caton. Mais les ingrédients, depuis ce temps lointain, se sont singulièrement multipliés et compliqués. Notons l'usage immodéré des épices et des herbes au parfum violent, dont les unes sont indigènes, mais les autres importées à grand prix d'Orient. On emploie beaucoup le poivre, soit en grains, soit broyé, le cumin, à côté du fenouil, de l'ail, du thym, de l'oignon, de la rue et du persil. Le silphium, cette plante aromatique, gloire de Cyrène, entre dans un grand nombre de compositions. Mais surtout, le principal ingrédient, qui revient presque dans toutes les recettes, est le *garum*. Longtemps, les

(1) *Apicius. L'art culinaire*, édition, traduction et commentaire de J. ANDRÉ, Paris, 1965.

modernes se sont vainement interrogés sur la nature du garum. Nous sommes aujourd'hui mieux renseignés, grâce à une meilleure connaissance de la cuisine extrême-orientale, qui utilise un produit semblable, le nuoc-mam des Indo-Chinois. Il s'agit d'une macération sous le sel d'intestins de poissons, principalement de thons et de maquereaux, qui, par autolyse (c'est-à-dire « autodigestion » sous l'action des diastases) finit par donner naissance à des produits analogues à ceux qui se retrouvent dans nos fromages fermentés. Ce *garum* était fabriqué un peu partout dans le bassin méditerranéen, mais celui des côtes espagnoles jouissait d'une particulière renommée. Il existait des compagnies montées par actions qui le fabriquaient en grandes quantités. Son prix pouvait atteindre, selon la qualité, des sommes très élevées, mais, s'il y avait un *garum* de choix, les petites gens pouvaient, à meilleur compte, assaisonner leurs légumes avec un produit de deuxième ou de troisième choix, obtenu par mouillage ou maturation hâtive.

On imagine, d'après les recettes d'Apicius, une cuisine au goût fort, assez semblable à la cuisine orientale, avec une prédominance des sauces capables de changer le goût propre des viandes, comme l'art des cuisiniers consistait à changer leur aspect — par exemple donner à un quartier de porc l'apparence d'une volaille, à des tétines de truie (mets fort recherché) celle d'un ragoût de poisson. La recherche systématique de nourritures rares, exotiques et coûteuses, déjà caractéristique de la période précédente, s'amplifie à l'excès. On cite les « salmis de langues de rossignols », qui nécessitaient évidemment un nombre prodigieux de ces oiseaux. Mais de semblables fantaisies, simples curiosités culinaires, ne pouvaient constituer que de très rares exceptions. Même les grands seigneurs continuent à offrir à leurs hôtes surtout des venaisons et des poissons de mer : mulet, congres, murènes, mais aussi l'infinie variété de la faune méditerranéenne que l'on trouvait toute fraîche, chaque matin, au *macellum* installé non loin du Forum romain. La trop célèbre anecdote des murènes nourries de chair humaine, pour que leur goût fût plus fin, est presque une légende ou du moins la généralisation malveillante d'un fait unique. S'il est exact qu'un ami d'Auguste jeta parfois des esclaves dans le bassin où vivaient ces poissons, ce fut moins pour nourrir ceux-ci que pour mettre à mort des coupables, et l'opinion tout entière s'indigna contre la cruauté d'un pareil châtiment. A la mort de son propriétaire, la maison qui avait été témoin de ces horreurs fut rasée par Auguste, qui fit don du sol au domaine public.

*
* *

L'effort d'Auguste porta également sur le maintien de la vie familiale au sein de l'aristocratie : diminuer le nombre des divorces, réprimer les adultères devenus de plus en plus nombreux au cours des dernières années de la République, favoriser les mariages, en dotant de privilèges les pères et les mères de famille ayant au moins trois enfants. Il voulut aussi, dans toute la mesure du possible, préserver les jeunes gens des contagions immorales. Les adolescents furent groupés dans des associations mi-religieuses mi-sportives; on interdit aux enfants « imberbes » de participer à des cérémonies comme la « course des Luperques », un très ancien rite magique célébré chaque année autour du Palatin et dans lequel des hommes nus flagellaient avec des lanières en peau de bouc les femmes désirant s'assurer une fécondité que leur refusait la nature. La fête, trop vénérable par son Antiquité, ne pouvait être supprimée ; elle fut, comme le sera plus tard le carnaval, dans le monde chrétien, soumise à des règles plus strictes.

Dans le même but, Agrippa, le collaborateur et bientôt le gendre d'Auguste, exécuta au Champ de Mars de grands travaux pour donner un cadre attrayant aux exercices physiques. Un aqueduc fut spécialement construit pour alimenter un canal artificiel, l'Euripe, destiné aux jeunes nageurs, qui n'avaient plus désormais à compter avec les crues et les dangers du Tibre. Auprès de l'Euripe, Agrippa édifia le premier grand établissement thermal de Rome, une salle d'étuves, appelé *Laconicum*, qui sera le modèle des grands thermes de l'époque suivante. Peu à peu, les exercices du Champ de Mars, que la tradition romaine, nous l'avons dit, voulait exclusivement militaires, s'entouraient d'un cadre inspiré du gymnase grec et de la palestre. C'est là que les jeunes gens de naissance libre passaient la plus grande partie de leur temps, et les tavernes n'étaient ouvertes qu'à la tombée de la nuit, à l'heure où la jeunesse avait, depuis longtemps, regagné la demeure familiale.

On aurait tort, pourtant, de croire que l'éducation physique fût la seule activité des adolescents. Le magnifique essor de la littérature au cours du siècle d'Auguste prouve que leur formation intellectuelle n'était pas pour autant négligée.

Le petit enfant, au sortir des années passées sous la garde exclusive de sa mère, où il avait appris les premiers rudiments de la lecture, commençait à aller à l'école. Il était alors confié au *grammairien*, qui lui enseignait d'abord l'écriture et la lecture courantes. Des fresques célèbres nous montrent les enfants alignés sur un banc, sous un portique, la tablette enduite de cire sur les genoux — comme aujourd'hui les ardoises — et répétant leur leçon sous la direction du maître. Tous sont chaudement enveloppés de leur capuchon, car il fait frais, en plein air, et la plupart sont attentifs. Dans un coin, pourtant, un mauvais sujet reçoit le fouet et sa bouche grande ouverte témoigne des hurlements qu'il pousse. Horace avait conservé mauvais souvenir de son « instituteur », le « fouetteur Orbilius ». La pédagogie consistait essentiellement en exercices de mémoire, en chantonnements indéfiniment répétés, et malheur à qui n'était pas à l'unisson ! Chez le grammairien on apprenait ainsi de longs passages des poètes latins d'autrefois : Nævius et son épopée de la *Guerre punique*, Ennius, avec ses *Annales*, plus modernes d'esprit, mais d'un style encore bien gauche. Ces lectures devaient graver dans l'esprit des enfants les sains préceptes des anciens, leur donner des leçons d'énergie et de vertu antique. On leur apprenait aussi des maximes tirées de mimes et de pièces de théâtre, voire de textes juridiques ou de recueils comme celui d'Appius Claudius ou du censeur Caton. Cette formation morale se complétait par l'apprentissage du calcul. Comme, dans la pratique, le système décimal n'était pas en usage, mais que les mesures, et notamment la monnaie étaient fondées sur des divisions duodécimales, les résultats des opérations étaient enseignés comme l'est aujourd'hui encore la table de multiplication. On apprenait ainsi à soustraire mécaniquement un *sextans* (2/12) d'un *triens* (4/12) ou d'un *quadrans* (3/12). Pour des calculs plus compliqués, on s'aidait d'un abaque, sorte de boulier matérialisant les nombres.

Toutes ces leçons étaient répétées, le soir, à l'enfant par son *pédagogue*, c'est-à-dire l'esclave attaché particulièrement à son service, pour le surveiller, l'accompagner à l'école, le protéger contre les mauvaises fréquentations et l'aider dans ses études. Ce pédagogue était généralement un Grec, parfois fort cultivé, et qui prenait une grande influence sur le jeune homme. Leur intimité ne cessait pas avec la fin des études ; elle se poursuivait de telle sorte que nous voyons des hommes faits, et Auguste lui-même, conserver longtemps auprès d'eux le compagnon de leur enfance. C'est certainement aux pédagogues que l'on doit la pénétration si rapide et si profonde de certaines habitudes grecques de pensée et de vie : influence secrète, pour nous peu saisissable, car elle ne se manifeste guère dans les témoignages littéraires, mais qu'il importe de reconnaître et de ne pas minimiser.

Lorsque l'enfant avait acquis tout le savoir que pouvait lui dispenser le *grammairien*, il passait à l'école du rhéteur. C'était le début de ses « humanités » : là, on reprenait les grandes œuvres littéraires latines, mais on les complétait par celles des poètes, des historiens et des orateurs grecs — n'cublions pas que, auprès de son pédagogue et dans la vie de tous les jours, le petit Romain avait appris à parler le grec en même temps que le latin, et que la culture romaine, de très bonne heure, fut véritablement bilingue. Et l'esprit dans lequel étaient données ces lectures différait totalement de celui du grammairien. L'effort portait sur l'explication littéraire de l'œuvre : procédés de composition et de style, signification profonde, voire recherche d'un symbolisme caché. Le jeune homme était ainsi peu à peu instruit sur les meilleurs modèles et initié aux lois de la composition littéraire. Comme il était naturel, le maître avait surtout en vue la formation d'orateurs : l'éloquence imprégnait toute la vie publique de Rome. Les activités politiques n'étaient plus, sans doute, celles d'antan, depuis que la réalité du pouvoir était passée entre les mains de l'Empereur et de ses collaborateurs directs, les amis de son choix, mais il en subsistait encore une apparence, dans les débats de la Curie. Et surtout, la vie judiciaire n'avait jamais été aussi active. Le vieux Forum ne suffisait plus à contenir les tribunaux. Il fallut accroître le nombre des basiliques pour donner un asile aux plaideurs et à leurs juges. Et chaque Romain était censé pouvoir présenter lui-même sa défense, celle de ses clients, parler en second ou en troisième pour ses amis. Il était honteux qu'un jeune homme ayant quitté la toge virile ne fût pas en mesure d'effectuer une « entrée » au moins honorable dans les débats du Forum. Sans doute, certains orateurs étaient particulièrement célèbres, et l'on avait plus volontiers recours à leurs services dans les causes délicates, mais, en théorie ce n'étaient que des citoyens comme les autres, et ils ne jouissaient d'aucun statut professionnel particulier.

A l'école du rhéteur, le jeune citoyen se formait donc à son rôle essentiel. On lui proposait des causes fictives et, en les traitant, il apprenait en même temps les règles fondamentales du droit. Education juridique et acquisition de l'habileté oratoire étaient intimement mêlées. Mais nous savons par Cicéron que l'idéal proposé à l'orateur était celui d'une vaste culture générale. Les meilleurs esprits ne se contentaient pas d'un savoir uniquement technique. L'éloquence n'était pas une fin en soi. Elle devait permettre d'agir sur les esprits et les âmes et, pour cela, il était nécessaire que le jeune homme acquît la connaissance de « tout ce qui est humain » : la notion d'un large humanisme était comme impliquée par les buts mêmes fixés à l'éducation du citoyen romain. Aussi n'était-il pas rare qu'il complétât ses études par l'audition des philosophes. Et souvent, pour cette raison, le jeune Romain se rendait à Athènes, à Pergame, à Alexandrie ou à Rhodes, dans l'un des centres où vivaient et enseignaient les plus célèbres philosophes. Il y vivait la vie d'un étudiant indépendant, bien pourvu d'argent, flatté par ses condisciples et ses maîtres parce qu'il appartenait à la Cité Reine. On fermait les yeux sur ses fredaines, on applaudissait bruyamment à ses progrès dans la dialectique et, quand il repartait chez lui, pour y revêtir les charges de son rang, il était définitivement marqué de l'empreinte hellène.

***

Pourtant, malgré toute la sollicitude dont l'Empereur entourait la jeunesse, ne croyons pas qu'elle fût en tout un modèle d'énergie, de travail et de sagesse. La lecture des poètes contemporains d'Auguste nous détromperait vite. Cette jeunesse dorée de Rome s'amuse, comme se sont amusées toutes les jeunesses de tous les temps, lorsqu'elles n'étaient pas pressées de trop dures nécessités. Autant il est considéré comme immoral qu'un homme marié ne respecte pas le caractère sacré du lien qui l'unit à sa femme, autant il paraissait légitime qu'un jeune homme fît l'apprentissage de la « vie » avec une liberté presque complète. Des esclaves affranchies, des filles d'affranchis, des femmes venues d'Orient formaient une société accueillante à quiconque possédait assez de ressources pour assurer à celle qu'il choisissait comme compagne d'un temps un luxe de bonne compagnie. Ces courtisanes sont souvent cultivées ; elles jouent de la lyre, elles chantent, parfois composent des vers. Leur vie entière a pour objet de plaire, et c'est un métier dont elles s'acquittent avec bonheur. Elles plaisent, naturellement, de préférence aux jeunes gens les plus riches, à ceux qui ont déjà exercé quelque charge provinciale d'où ils ont tiré un profit substantiel. Souvent, elles n'en gardent pas moins leur tendresse au poète moins fortuné, dont les vers leur donnera l'immortalité. Tibulle, Properce, Ovide, surtout, nous ont conté ces rendez-vous nocturnes : la jeune femme qui descend de son balcon et rejoint son ami dans l'ombre tiède, voilée de son ample *palla*, ou le jeune homme, accompagné d'un ou deux serviteurs, à la lueur des torches, venant frapper à une porte qui s'ouvre discrètement et se referme sur son bonheur. Le jeu commence à la tombée de la nuit, dans les nouveaux jardins que la munificence impériale a ouverts à tous, ou bien dans le portique de Pompée, autour des bosquets de laurier où le Faune de bronze verse inlassablement l'eau de son outre. Rencontres, coquetteries, manèges, billets confiés à la suivante, clins d'œil, puis les longs murmures et les serments. Tout cela s'oubliera le jour où le jeune homme escortera pour la première fois vers sa demeure une fiancée de son rang et, à son tour, assumera la dignité et les charges de « père de famille ».

CHAPITRE IV

DE NÉRON AUX SÉVÈRES

La période qui s'étend entre le règne de Néron et la fin de la dynastie antonine — c'est-à-dire un peu moins d'un siècle et demi — est souvent considérée comme l'apogée de l'Empire et de la civilisation romaine. Il est certain que, mis à part les troubles qui marquèrent le passage du dernier successeur direct d'Auguste au premier des Flaviens, la sécurité intérieure ne fut jamais aussi peu menacée, la prospérité aussi grande, l'unité aussi totale. Apparemment, la vie privée ne fait, jusqu'à la fin du IIe siècle ap. J.-C., que continuer l'évolution commencée au cours du siècle d'Auguste, et il peut sembler superflu d'établir une distinction bien nette entre deux périodes qui présentent entre elles tant d'analogies. Pourtant, à y bien regarder, ces analogies sont loin d'être aussi totales et profondes qu'on le prétend. Sans doute, les grands rythmes de la vie quotidienne, les techniques des métiers, la structure sociale et économique, même, n'ont pas connu de révolution. Mais, une fois encore, s'est insinué un esprit nouveau. Des tendances à peine esquissées jusque-là deviennent dominantes. A mille indices, on sent que la civilisation romaine a franchi une étape qui l'éloigne un peu plus de ses origines et de son idéal primitif. On s'aperçoit aussi que notre connaissance des réalités quotidiennes n'est plus fondée sur les mêmes documents que pour la période précédente : jusque-là, les données littéraires l'emportaient de beaucoup sur celles de l'archéologie. Désormais, nous possédons le témoignage de ces incomparables musées que sont les villes campaniennes enfouies sous les cendres et la boue vomies par le Vésuve lors de la catastrophe de 79 ap. J.-C. Nous connaissons aussi les ruines d'Ostie, qui, dans leur état actuel, nous parlent plutôt des second et IIIe siècles de notre ère que des temps antérieurs. Si bien que la vie de ces périodes se laisse beaucoup plus aisément reconstituer, et les conclusions que l'on en tire ne doivent être appliquées qu'avec la plus grande prudence à celles qui les ont précédées. La littérature elle-même se préoccupe davantage de donner des descriptions minutieuses : Pline le Jeune, sous Trajan, se livre à l'inventaire détaillé de ses villas, et nous convie à une visite aussi précieuse pour nous qu'elle devait sembler oiseuse à ses correspondants. Martial, Juvénal découvrent les délices de la poésie réaliste, ce qui fait de leurs œuvres autant de mines inépuisables. Ces ressources nous manquaient jusqu'ici, mais il est arbitraire de les utiliser pour suppléer à nos ignorances antérieures.

***

De façon générale, tandis que le siècle d'Auguste avait prétendu amorcer une réaction contre le luxe et retourner aux vertus ancestrales, on assiste, avec la période suivante, à l'envahissement définitif de Rome par la civilisation orientale. Juvénal peut écrire qu'il « y a beau temps que l'Oronte syrien se jette dans le Tibre », amenant avec lui la foule des demi-Grecs, courtisanes au costume exotique, les cheveux ceints de la mitre asiatique, courtiers de toutes classes, aventuriers acceptant tous les métiers et ne reculant devant aucune bassesse. Quelque satirique qu'elle soit, cette description trouve un écho dans le roman, réaliste lui aussi, connu sous le titre de *Satiricon* et écrit par Pétrone dans les dernières années du règne de Néron. Là, on voit un affranchi d'origine sémite, le tout-puissant Trimalcion, parvenu à une prodigieuse fortune grâce à d'ignobles compromissions, et possédant en Italie méridionale, en Sicile, en Afrique tant de domaines qu'il n'en sait plus le compte. Ce Trimalcion n'est pas un mauvais homme. Il aime à faire partager son luxe, et non seulement à l'étaler. Ses fréquentations favorites sont les affranchis de son municipe — où il faut peut-être reconnaître Pouzzoles, mais cela n'est pas certain —, d'anciens chiffonniers, des entrepreneurs de pompes funèbres, à qui se mêlent des étudiants en quête de bonnes aventures et fort dépourvus de scrupules. Dans son *triclinium* se rencontre un soir cette compagnie disparate, et nous avons devant nous l'étalage des tendances les plus caractéristiques de l'époque. D'abord, un appétit effréné de jouissances, qui se marque dans l'abondance invraisemblable du festin. Mais, en même temps, une ingéniosité naïve à entourer ces goinfreries d'un appareil propre à séduire des imaginations enfantines. Sert-on un sanglier — tout entier, reconstitué, après la cuisson — il fait une entrée solennelle, escorté de valets costumés en piqueurs et en chasseurs, avec filets et épieux. Et comme le même animal a déjà été présenté lors d'un précédent repas à des convives rassasiés qui n'en avaient pas voulu, le voici coiffé d'un bonnet phrygien, en véritable « affranchi » qu'il est ! Un porc, sur un immense plat, semble n'avoir pas été vidé de ses entrailles. Trimalcion entre dans une grande colère. Il mande le cuisinier coupable, des bourreaux, armés de fouets, saisissent le malheureux, le dépouillent. Les convives, gênés, demandent grâce pour lui. Trimalcion y consent. « Eh bien, puisque tu ne l'as pas vidé, fais-le maintenant devant tout le monde ! » Le cuisinier porte le couteau dans le ventre de la bête, et il en sort une montagne de boudins et de saucisses succulentes que l'on distribue à la ronde. Toute cette comédie pour un tel dénouement ! Il y a dans ces mises en scène une délectation populaire analogue à celle qui, depuis des siècles, assurait la vogue du mime.

Mais là ne s'arrêtent pas les prétentions de l'affranchi. La présence à sa table du rhéteur Agamemnon et de ses étudiants picaresques trahit son goût des choses de l'esprit. Il n'hésite pas à faire montre de savoir, discute de littérature, cite Homère à tort et à travers et se pose en connaisseur d'orfèvrerie. Bref, il est la parodie de ces grands seigneurs qui, un peu plus tard, apparaissent dans le milieu fréquenté par Tacite et Pline le Jeune et sont, en tout, des amateurs éclairés. On aurait tort de prétendre tirer de semblables scènes une description exacte de la vie quotidienne à cette époque ; elles n'en sont que le grossissement, à des proportions ridicules. Ce qui ne signifie pas, au contraire, qu'elles soient dépourvues de toute valeur documentaire.

On comprend mieux, devant un tel tableau, la distance qui sépare cette Rome, décidément impériale, de la Rome encore italienne que rêvait Auguste. La rupture est totale avec la vieille cité paysanne, où les rythmes de l'existence étaient encore ceux de la campagne, où le luxe avait « mauvaise conscience », et le loisir studieux se cantonnait dans la partie du jour inutilisable pour les « affaires sérieuses ». Prenant décidément le pas sur les provinces occidentales et les cités d'Italie centrale ou septentrionale, c'est l'Orient qui triomphe.

***

Le décor urbain lui-même a changé. Sous le règne de Néron, en 64, s'est produit un terrible incendie qui a ravagé tout le centre de la Ville. Le Palatin, où Tibère, puis Caligula, avaient dû construire des demeures plus vastes — et naturellement plus magnifiques — que la médiocre maison d'Auguste, n'a pas été épargné. Des quartiers ont brûlé. Ce qui reste est si ébranlé qu'il faut abattre des pâtés de maisons, niveler le sol, emporter les décombres sur des péniches jusqu'à la mer. Rome est presque toute à reconstruire. Une campagne malveillante accuse l'Empereur d'avoir voulu la catastrophe. Quoi qu'il en soit, il organise lui-même la reconstruction, loge les habitants sans logis dans ses propres jardins, verse l'argent sans compter pour les aider à reconstruire, et édicte des mesures propres à éviter dans l'avenir les entassements et les édifices trop peu solides. C'est la Nouvelle Ville, la Rome de Néron qui surgit : limite de hauteur des *insulæ*, règles dans l'emploi des matériaux, largeur minimum imposée aux rues. Rome va devenir moderne, et ne sera plus, comme avant, une capitale qui a grandi au hasard. Le résultat de cette reconstruction ordonnée fut que les *domus* traditionnelles, les maisons à atrium, devinrent plus rares encore que par le passé. La brique revêtant un blocage de ciment indestructible se généralise pour l'architecture privée aussi bien que dans les édifices publics. Les grands immeubles à balcon, avec leur façade d'aspect si moderne qu'il nous surprend, bordent des rues élargies et plus claires (fig. 6). Sans doute, la reconstruction de Rome ne fut pas totale. Tout n'avait pas été détruit. De plus, Néron ne poursuivit pas l'effort jusqu'au bout, et, lorsqu'il fut détrôné, en 68, ses règlements ne furent plus appliqués. Des esprits traditionnalistes jugeaient que de larges rues seraient trop exposées au soleil, trop chaudes, et favoriseraient l'éclosion de dangereuses épidémies. Aussi la rénovation ne demeura-t-elle que partielle, mais le cadre de la vie quotidienne n'en fut pas moins profondément modifié.

C'est au cours de cette période également que les empereurs se préoccupèrent de proportionner les adductions d'eau aux besoins de la Ville. Auguste et Agrippa avaient déjà commencé à accroître le débit des aqueducs. Claude s'était lui aussi préoccupé du problème, mais il appartint à Néron et à ses successeurs, particulièrement à Trajan, de le résoudre de façon satisfaisante. Toutefois, ne croyons pas que dans les *insulæ* l'eau fût distribuée sous pression, comme nous le voyons dans les maisons modernes. Normalement, un aqueduc romain débite l'eau en écoulement libre. Il l'apporte aux fontaines publiques, où chacun doit la puiser. Seules, quelques grandes familles ont, par grâce spéciale de l'Empereur, des concessions gratuites, de débit strictement limité. Mais cette eau, dérivée sur la conduite publique, ne saurait parvenir qu'aux rez-de-chaussée. Ce qui ne présentait aucun inconvénient dans l'antique maison à *atrium*, où tout est de plain-pied, devient grave pour les *insulæ*, disposées en hauteur. La lutte contre les incendies n'en est pas facilitée ; pas de jets sous pression, pas de lances, mais comme dans nos villages les plus reculés, une chaîne où les récipients circulent de main en main et se vident à moitié durant le transport. En temps normal, ce sont les petits esclaves, les servantes qui vont à la fontaine et rapportent les cruches sur leur tête ou leur épaule. Spectacle familier encore aujourd'hui dans les villes d'Orient, et qui fut celui de toute l'Antiquité.

Jusqu'au règne de Trajan, les quartiers situés sur la rive droite du Tibre ne recevaient pas d'eau potable en quantité suffisante. Les habitants devaient recourir aux puits et aux citernes, comme aux premiers temps de la République cela s'était pratiqué sur le Palatin, le Capitole et le Forum. Auguste, qui avait construit à grands frais un aqueduc spécial pour remplir le bassin de sa Naumachie, sur la rive droite, avait bien pensé ainsi à pourvoir aux plaisirs de ses concitoyens, en leur donnant, dans ce bassin artificiel, le spectacle d'un combat naval, mais il n'avait pas pris la précaution de choisir une eau assez pure pour qu'elle pût servir aux usages quotidiens et on ne l'utilisait que pour l'arrosage des jardins.

Dans la Ville nouvelle, Néron avait eu soin de réserver, pour son usage personnel, un immense espace où il établit des jardins. Il ne faisait en cela que suivre une tradition déjà séculaire. Nous avons cité les jardins de Lucullus et ceux de Salluste. Au temps d'Auguste, et plus tard encore, s'étaient formés d'autres domaines, non seulement sur la rive droite du Tibre, où le terrain ne manquait pas, sur les pentes du Janicule et dans la plaine étroite bordant le fleuve, mais sur la colline de l'Esquilin. Si bien que Rome eut, elle aussi, sa « ceinture verte ». Vers le Nord et vers l'Est, après les quartiers populeux accrochés aux collines du Quirinal, du Viminal et de Suburre, la Ville se perdait en un dédale de chemins creux, entre de longs murs que dominaient les cimes des arbres. Autant le centre, autour du Capitole et du Forum, jusqu'à l'Aventin, était bruyant et animé, autant cette très proche, cette immédiate banlieue restait silencieuse. Le manque de moyens de transport autant que la volonté des propriétaires de jardins est à l'origine de ce phénomène singulier. Manquant d'espace, Rome ne peut et ne veut s'agrandir qu'en hauteur et se tasse sur elle-même autant qu'elle le peut. La campagne commence à moins de 2 000 pas du Capitole.

L'audace de Néron, après l'incendie de 64, avait consisté à rapprocher cette frontière de la Ville, en empiétant sur des quartiers jusque-là construits. Sa Maison d'Or (tel fut le nom de cette véritable villa urbaine) continuait directement le palais impérial du Palatin, commencé par Caligula, et le mettait en communication avec les célèbres jardins de Mécène, sur l'Esquilin. Au milieu, dans la dépression où s'élève aujourd'hui le Colisée, il avait creusé un grand lac, et l'avait entouré d'une campagne en miniature : villages, forêts, pâturages, rien n'y manquait pour donner l'illusion que l'on était loin de la Ville. Un portique monumental conduisait du Forum jusqu'à l'entrée du palais, et, pendant quelque temps, Néron confisqua de la sorte pour son plaisir personnel une importante partie de Rome. Après sa mort, le parc de la Maison d'Or fut démembré. Les jardins de Mécène eux-mêmes furent probablement lotis comme terrain à bâtir, et les empereurs flaviens consacrèrent la plus grande partie du palais néronien à des édifices destinés aux plaisirs de tous. C'est ainsi que le lac fut asséché et que l'on construisit sur son emplacement l'amphithéâtre Flavien — connu depuis l'Antiquité sous le nom de *Colosseum*, le Colisée. Sur les pentes du Cælius, au nord de l'amphithéâtre, Titus édifia un grand établissement de bains, les thermes qui portent son nom.

Avec les thermes de Titus, bientôt suivis par ceux de Trajan, et, de siècle en siècle, par d'autres encore, de plus en plus magnifiques, jusqu'aux énormes thermes de Dioclétien où est aujourd'hui installé le principal musée archéologique de Rome, commence une véritable révolution dans la vie quotidienne du Romain de la Ville. Nous avons dit quels furent les commencements de cette mode : une étuve, au Champ de Mars, le *Laconicum* d'Agrippa, pour délasser les jeunes gens après leurs exercices. Non loin de là, Néron, également soucieux des jeunes athlètes et plus ouvertement adepte des modes grecques, avait construit un autre gymnase, qui comportait, lui aussi, des salles thermales. Il y avait, sans doute, en Ville, d'autres établissements de bains, mais ils étaient gérés par des particuliers, et avaient pour but de fournir aux Romains qui ne les possédaient pas à domicile, les moyens d'une hygiène élémentaire. Mais, avec la construction des thermes de Titus, le point de vue est totalement changé. Les bains ne sont plus une annexe de la palestre ou du gymnase ou un simple établissement d'hygiène, ils deviennent un lieu de plaisir, à la fois « café », cercle de réunion et de jeu.

La plupart des Romains vivant à Rome sont en effet oisifs. Non seulement les membres de l'aristocratie, sénateurs, chevaliers engagés dans une carrière administrative qui leur laisse de grands loisirs, mais aussi leur clientèle, et tous ceux qui reçoivent de l'Empereur les distributions de blé, d'huile et de vin. On ne peut pas toujours être en procès ni pérorer au Forum ; il n'y a pas tous les jours des jeux au cirque ou au théâtre ; ce n'est pas tous les jours non plus qu'on fait ou défait un Empereur. Alors, on prend l'habitude de s'attarder au bain. En hiver, les salles chaudes sont plaisantes ; en été, l'eau est fraîche, les portiques pleins d'ombre. Un architecte prévoyant a remplacé les pistes de l'antique palestre par des allées entre des bosquets et des pelouses. Les thermes sont les villas de la plèbe. Où passer avec plus de plaisir les heures vides de la journée ? Les salutations du matin terminées, et aussi l'achat des provisions — car les hommes, dans le peuple, ne laissent ce soin ni à leur esclave ni à leur femme — une fois traitées les quelques affaires que l'on peut avoir, s'ouvre devant soi une après-midi longue et vide. Alors, après la sieste, on se rend aux thermes. Les femmes n'étaient pas oubliées. Certains établissements leur étaient réservés, ou, à défaut, certaines heures. Les Romains n'ont jamais connu les bains « mixtes ».

Le bain des Romains était une opération longue et complexe, dont les principaux moments et la technique générale subsistent encore dans nos « bains turcs ». Cela commençait par un passage dans une étuve sèche, où le corps, soumis à une forte chaleur, transpirait abondamment. Cette étuve s'appelait *sudatorium*. Elle était souvent précédée d'une pièce tiède, le *tepidarium*, qui n'était qu'un lieu de transition destiné à habituer progressivement le corps à la chaleur. Avant le *tepidarium*, on s'était déshabillé dans un vestiaire (l'*apodyterium*), où les vêtements restaient, sous la garde d'un ou deux esclaves. L'*apodyterium* était le lieu préféré des voleurs, et il n'était pas rare qu'on y surprît des malfaiteurs en train de dérober une tunique, un pallium ou une paire de sandales. Cependant, les baigneurs, complètement nus, continuaient la suite des opérations thermales. Lorsque le corps était couvert d'une sueur abondante, il arrivait fréquemment que l'on éprouvât le besoin de se rafraîchir : avec la main, on puisait quelques gouttes d'eau dans une grande vasque et l'on s'aspergeait d'eau froide. Puis, on descendait dans la baignoire chaude, non toutefois sans qu'un aide vous eût frotté soigneusement tout le corps à l'aide d'une petite étrille, le *strigile*. Enfin, le bain se terminait par un plongeon dans la piscine froide, pour raffermir les tissus. On nageait un peu, lorsque l'espace le permettait et, au sortir de l'eau, on se livrait au masseur. D'une main enduite d'huile parfumée, il travaillait chaque muscle tandis que l'on s'abandonnait dans un relâchement total du corps.

Naturellement, lorsqu'on a toute une après-midi devant soi, on s'attarde, on se baigne de compagnie avec quelques camarades, on bavarde interminablement au *tepidarium* ou sur les bords de la piscine. Aux beaux jours, on s'étend dans le *solarium*, pour un bain de soleil, ou bien on joue à la balle. Les médecins enseignaient que le bain n'était vraiment profitable que s'il était précédé et suivi par un exercice modéré. Aussi voyait-on même des hommes d'âge se lancer gravement une balle, à trois ou quatre, compter les points et envoyer leur esclave courir après celle qui leur avait échappé. Ou bien, dans les allées du jardin, on se livrait à la marche, selon des progressions savamment calculées : 1 000 pas aujourd'hui, 1 500 demain. Les allées étaient bordées d'inscriptions marquant les distances, donnant l'équivalence en pas d'un nombre déterminé de tours. Dans certains bains privés, nous connaissons ainsi l'existence de *gestationes*, c'est-à-dire d'allées sablées où le maître était promené en litière suivant certaines règles : exercice qui nous paraît bien calme, mais qui, au dire de Sénèque, par exemple, entraînait une agitation du corps que l'on considérait comme salutaire. Le bain, on le voit, n'avait pas complètement rompu son antique association avec le sport, dont il n'était à l'origine que le complément. Mais un sport bien modéré, tempéré par la *gravitas* romaine, et qui n'était plus l'essentiel. L'essentiel, c'était la vie même des bains, leur grouillement pittoresque, les rencontres, les petits métiers qui s'y exerçaient et offraient un spectacle toujours nouveau.

Une lettre de Sénèque décrit avec assez de verve l'atmosphère d'un établissement de bains : « Imagine, dit-il, toutes les sortes de voix, qui peuvent te faire prendre tes oreilles en haine ; lorsque les sportifs s'exercent et travaillent aux haltères, pendant leur effort, ou leur semblant d'effort, j'entends des gémissements, et, chaque fois qu'ils reprennent haleine, c'est un sifflement et une respiration aiguë. Lorsque je tombe sur un paresseux et quelqu'un qui se contente d'une friction à bon marché, j'entends le claquement de la main sur les épaules, qui, selon qu'elle frappe à plat ou en creux, rend un son différent. Et s'il vient par là-dessus un joueur de balles, qui commence à compter les coups, tout est consommé ! Ajoute à cela le querelleur, et le voleur pris sur le fait, et l'homme qui aime entendre sa voix, quand il prend un bain. Ajoute encore les gens qui sautent dans la piscine au milieu d'un fracas d'eau éclaboussée. Mais en plus de ces gens-là, dont la voix est au moins normale, imagine la voix aiguë et aigre des épileurs, qui veulent se faire ainsi mieux entendre, et poussent tout d'un coup des cris, sans se taire jamais, sinon lorsqu'ils épilent une aisselle et, alors, font crier les autres à leur place. Et puis, les cris variés du pâtissier, et le marchand de saucisses, et le vendeur de petits pâtés, et tous les garçons de taverne qui annoncent leur marchandise avec une mélopée caractéristique. » Sénèque, installé dans un appartement de l'étage supérieur, avoue qu'il a grand'peine à méditer au milieu de ce vacarme.

Les marchands qui fréquentaient les thermes n'étaient pas différents de ceux qui tenaient leur étal un peu partout dans les rues et les *tabernæ*. Nous avons dit que, seul, le repas du soir, la *cena*, se prenait avec quelque cérémonie. Mais la journée est longue, surtout pour des gens oisifs, et l'on ne cessait de grignoter quelque chose à toute heure — selon une coutume qui n'a pas disparu du monde méditerranéen, même encore aujourd'hui. Sous les portiques du Forum, dans les basiliques, au coin des rues, se tenaient, comme dans les souks des villes musulmanes ou les ruelles du vieux Naples, des marchands de choses cuites : brochettes de viande, petits oiseaux rôtis, poisson frit. En plein air, on allumait un feu de braise, au-dessus duquel un trépied soutenait le chaudron plein d'huile où cuisaient des beignets ou de petits poulpes. Ailleurs, ce sont des boudins qui grillent sur des charbons. Dans une jarre, des olives, dans une autre, des anchois à la saumure. On vendait aussi des plats de légumes, notamment de lupin, avec le *garum* pour les assaisonner. En toute saison, des fruits. Une peinture pompéienne montre une jeune fille assise à côté d'un panier rempli de figues qu'elle offre aux clients. Les espèces importées depuis un siècle se sont acclimatées et popularisées. Même les petites gens achètent couramment des cerises et des pêches, voire déjà des oranges et des citrons. Les fruits exotiques ne sont pas rares non plus. Les petits marchands offrent des dates syriennes, des pruneaux d'Antioche, des grenades (qui viennent aussi, mais en petite quantité, dans les vergers italiens).

Les fouilles d'Ostie ont révélé quantité de *thermopolia*, boutiques où l'on vendait, au comptoir, des nourritures chaudes et des boissons « à emporter » ou à consommer sur place. La boutique est largement ouverte sur la rue ; parallèlement au trottoir, une sorte de large fourneau maçonné, semblable à nos « potagers » campagnards. C'est là que mijotent fritures et légumes préparés. Aux poutres, pendent des bouquets d'ail, d'oignons et d'herbes odorantes. Dans un angle, une niche est la chapelle des dieux. En arrière, on voit émerger du dallage le col de grandes amphores en terre cuite, remplies de vins divers : du vin local, le meilleur marché (on en avait une mesure pour un *as*, un peu moins de 4 francs de notre monnaie), du vin campanien, des vins toscans, des vins grecs. Le prix du falerne montait au quadruple de celui du vin commun. Bien des petites gens ne faisaient guère de cuisine dans leur appartement trop étroit, et se contentaient d'apporter les repas tout préparés qu'ils achetaient au *thermopolium*.

Les visiteurs de Pompéi ne peuvent manquer d'être frappés du nombre considérable de moulins que l'on y trouve. Chaque maison possède le sien. Les meules sont taillées dans de la lave, que l'on trouve en abondance sur les pentes du Vésuve. Chaque moulin en comporte deux, une, qui est fixe, a la forme d'un cône (fig. 7). Elle est scellée au centre d'une sorte de bassin circulaire où tombera la farine moulue. La seconde meule est mobile et présente la forme d'un sablier, largement évasé à ses parties supérieure et inférieure, étranglé en son milieu. Le haut forme entonnoir, la moitié inférieure repose sur la meule fixe et frotte rudement contre elle. Un bâti de bois solidaire de la meule mobile permet à un cheval, parfois à un esclave, de faire tourner la machine.

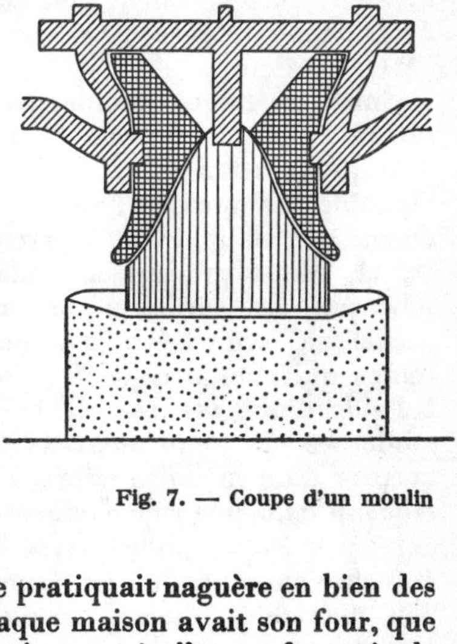

Fig. 7. — Coupe d'un moulin

Les quantités de blé ainsi moulu étaient très faibles, et cela explique le grand nombre d'appareils existant dans les maisons. Naturellement, les riches propriétaires cuisaient le pain chez eux — comme cela se pratiquait naguère en bien des villages français. Chaque maison avait son four, que l'on chauffait au bois, et où l'on enfournait le pain : c'était de petites galettes rondes, sur lesquelles on avait dessiné, dans la pâte encore molle, huit ou dix secteurs, qui feraient autant de parts. Ces pains, dont beaucoup ont été retrouvés carbonisés dans les cendres de Pompéi, sont tout pareils à ceux que vendent de nos jours les boulangers de Rabat ou de Marrakech. Selon la finesse du tamisage auquel était soumise la farine, on distinguait plusieurs sortes de pains, le plus riche en son — le *panis cibarius* — étant réservé aux esclaves, le plus blanc à la table des maîtres.

Bien des maisons, aussi, possédaient leur moulin à huile : deux roues solidaires tournant verticalement à l'intérieur d'une sorte de grande auge de pierre pour écraser les olives. L'huile d'olive constituait l'une des bases essentielles de l'alimentation et les olivettes étaient considérablement développées, peut-être encore plus que de nos jours, dans l'Italie entière.

Enfin, certaines grandes exploitations agricoles retrouvées aux environs de Pompéi nous initient à la préparation du vin. Le raisin provenait des vignobles campaniens, encore si célèbres. Il était amené, sur de lourdes charrettes, jusqu'à la ferme, et, là, on le pressait à l'aide d'un grand levier relié par des cordes à un cabestan. Ce système archaïque avait reçu des perfectionnements au temps qui nous occupe. La pression était obtenue à l'aide d'une vis, semblable à celle des pressoirs modernes. Le rendement se trouvait ainsi accru au prix d'un moindre effort. Le jus du raisin était recueilli dans une rigole cimentée qui le répartissait entre des *dolia*, grandes jarres de terre cuite rendues étanches par un enduit de résine. Ces *dolia*, énormes, peu maniables, étaient enterrés presque complètement, ce qui rendait les soutirages difficiles. Le vin produit de la sorte demeurait épais, chargé en tanin ; il prenait aussi cette saveur résinée caractéristique des vins grecs contemporains. L'usage des tonneaux de bois cerclé n'était pas inconnu en Italie, mais il était récent, vers la fin du Ier siècle de notre ère, et importé des pays gaulois. Le tonneau, plus pratique, modifiait complètement les conditions de fermentation et de vieillissement du vin, ainsi que son bouquet. C'est à lui que, vers la fin de l'Empire, les crus gaulois durent leur renommée, qui éclipsa celle des terroirs traditionnels de la Méditerranée.

La concentration de la propriété entre quelques mains, dans l'Italie impériale, faisait de la fabrication du vin une production quasi industrielle. Parti des grandes exploitations, il était distribué aux négociants et aux consommateurs dans de grandes outres portées sur des charrettes à quatre roues. On en remplissait des amphores que l'on scellait à la cire ou au plâtre. Parfois, on isolait la surface à l'aide d'une mince couche d'huile (l'usage n'en a pas disparu chez les vignerons italiens), pour empêcher l'oxydation au contact de l'air. Puis, une inscription sommairement gravée à la pointe sur l'amphore même ou une planchette attachée au col mentionnaient l'année de la récolte, et l'amphore allait dormir au cellier, plantée dans une épaisse couche de sable.

***

Les fouilles d'Herculanum, de Pompéi et d'Ostie nous apprennent encore bien des détails sur les industries et les commerces pratiquées pendant cette période. La corporation la plus importante, notamment à Pompéi, était sans conteste celle des *foulons*. On appelle ainsi des artisans qui sont à la fois des blanchisseurs et des « teinturiers », au sens où nous l'entendons aujourd'hui. Leur rôle était de nettoyer et de préparer les tissus et les vêtements soit après leur fabrication par le tisserand, soit lorsqu'ils avaient été souillés par l'usage.

Le procédé était assez complexe. Le tissu était d'abord nettoyé dans de l'eau contenant quelque lessive (par exemple, la « lessive de cendre », encore en usage dans les campagnes), puis, on le passait dans une cuve remplie de « terre à foulons », qui achevait le dégraissage ; ensuite, on le battait avec des battoirs de bois, pour rapprocher les fils. Le rinçage était suivi d'un cardage léger, destiné à donner un aspect velouté. Lorsqu'il s'agissait d'un lainage blanc, les taches étaient effacées par une fumigation au soufre dont les vapeurs constituent un puissant décolorant. Les toges étaient, en outre, imprégnées parfois d'une poudre de craie très fine, qui constituait un « apprêt » assez durable. On les passait alors à la presse pour former les plis.

Un atelier de foulon comporte des installations aisément reconnaissables dans les fouilles ou sur les peintures : de grandes cuves où les ouvriers mettaient les tissus à tremper et les foulaient aux pieds, un hangar de séchage, des sortes de grandes cages circulaires faites d'osier pour les fumigations, et toute la variété des brosses et des cardes. Les presses ressemblent à nos vieilles « presses à copier », avec leurs montants et leur vis de serrage.

La teinture des étoffes était réalisée par les foulons ou des teinturiers spécialisés. Généralement, c'était la laine elle-même, encore en toison, ou filée et en écheveaux, qui était teinte de la couleur désirée. On obtenait de la sorte une nuance unie et une imprégnation homogène. La teinture était fabriquée par le teinturier lui-même, ou reçue toute préparée à l'importation, lorsqu'il s'agissait de produits d'origine exotique. La couleur la plus appréciée est la pourpre, mais il faut entendre sous ce nom toute la gamme des violets et des rouges, et non une nuance bien définie. La teinture pourpre classique se fabriquait à partir d'une substance secrétée par certains mollusques méditerranéens, du genre *murex*. Dans l'animal vivant, ce liquide est blanchâtre ou légèrement jaune. A la mort et sous l'action du soleil, il tourne au pourpre, après une série de changements de couleurs allant du jaune citron au bleu indigo. Cette particularité permet d'obtenir une grande variété de teintes, en arrêtant le « virage » au moment désiré et en procédant ensuite à des mélanges.

Les teintures de pourpre étaient extrêmement coûteuses et recherchées. Aussi ne pouvaient-elles être utilisées que par les riches Romains. Au moins sous le Bas-Empire, leur fabrication était un monopole d'Etat. Aussi avait-on été contraint de trouver des « produits de remplacement » à meilleur compte, La plupart de ceux-ci étaient d'origine végétale : safran pour les nuances du jaune, suc de grenade. pour les rouges, certaines galles de chêne, indigo importé de l'Inde, ainsi que des matières premières indigènes, telles que l'orseille de terre et l'orcanète des teinturiers. On utilisait aussi des substances minérales : rouille du fer, cinabre, noir de fumée, etc. Les « mordants » étaient tantôt du vinaigre, tantôt même du vitriol.

La fabrication des étoffes, c'est-à-dire le filage de la laine ou du lin et le tissage était en général réalisé à la maison. Le temps n'était plus toutefois où c'était la tâche principale, sinon unique, de la mère de famille. Depuis longtemps, elle s'était déchargée de cette besogne sur des servantes. Le filage se faisait à la main, avec quenouille et fuseau. Le rouet était inconnu. Le tissage, lui, exigeait un métier, dont la forme a varié au cours des âges et s'était perfectionnée vers le Ier siècle de notre ère.

Le métier le plus courant était celui dont nous figurons un schéma ci-contre (fig. 8). Il consistait en un cadre de bois, avec deux poutres (AA', BB') tantôt verticales, tantôt légèrement obliques, et percées de trous à intervalles réguliers. Une poutre transversale était assujettie à la partie supérieure (*aa'*) et immobilisée par des chevilles. Une autre, semblable, à la partie inférieure (*bb'*). Une traverse mobile (*cc'*) était soutenue par des supports (*d*, *d'*), engagés dans les trous des montants. Les fils de chaîne étaient attachés à la traverse supérieure et alternativement engagés au-dessus et au dessous de la traverse *bb'*. Chaque fil était attaché à un poids qui faisait office de tendeur (*p*, *p'*). Chacun des fils engagés *sous* la traverse inférieure était de plus relié par une bride à la traverse mobile *cc'* (fil *f*). De la sorte deux fils contigus formaient un angle à l'intérieur duquel on passait, à l'aide d'une navette, le fil de trame. L'opération terminée, la traverse *cc'* était enlevée des supports et ramenée au contact des montants (position 2). Cela avait pour effet, sous l'action des poids-tendeurs, de reporter le fil *f* (et, pour l'ensemble du travail, un fil de la chaîne sur deux), en arrière des fils *e* passant au-dessus de la traverse inférieure (*bb'*). Dans le nouvel angle ainsi formé, on passait un nouveau fil de trame, que l'on forçait, au moyen d'une baguette souple, à venir s'appliquer contre le fil de trame précédent. Puis, la traverse *cc'* était de nouveau placée sur les supports (position 1), et ainsi de suite. Le travail était par conséquent conduit de haut en bas. La traverse *aa'* faisait office de rouleau : lorsqu'on avait atteint une longueur suffisante d'étoffe, pour continuer le travail commodément, on enroulait sur elle le lé obtenu.

Ce métier a été en usage pendant toute l'Antiquité, et dans toutes les provinces, à en juger par la découverte de poids-tendeurs, si fréquents sur tous les sites romains. Mais, au début de notre ère on imagina de fixer tous les fils à la traverse infé-

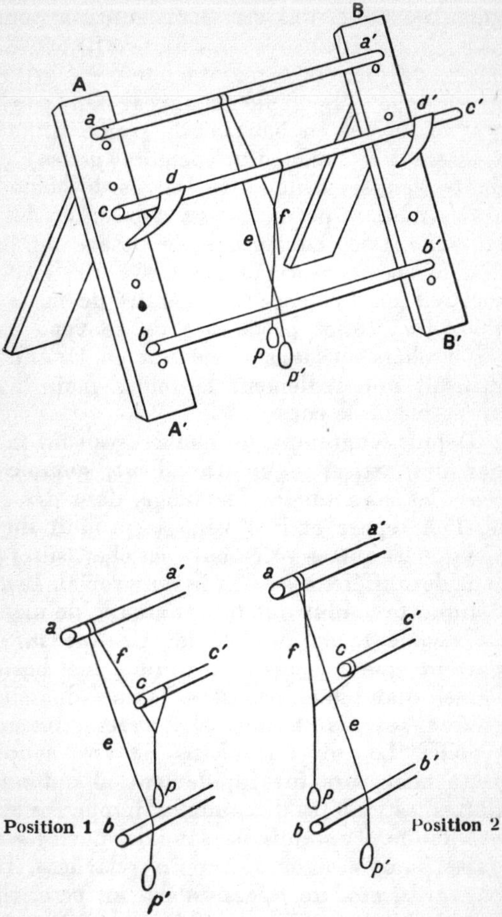

Fig. 8. — Schéma d'un métier à tisser

rieure. La tension était obtenue une fois pour toutes. Cela entraîna des modifications de la traverse médiane, qui dut être entaillée pour laisser passage aux fils et recevoir un profil spécial, comme dans nos métiers à main modernes. La technique du tissage elle-même changea. On conduisit le travail de bas en haut, et la trame fut désormais « tassée » à l'aide d'un peigne *(pecten)* dont les dents s'engageaient entre les fils de chaîne.

Ces métiers permettaient d'exécuter des dessins en variant les couleurs et le tissage de la trame. Nos musées conservent des tapisseries antiques qui mettent en évidence les détails de la technique. Pour les étoffes précieuses de ce type existaient des ateliers spécialisés, surtout en Orient, où l'on utilisait non seulement la laine, mais la soie, le lin et même le coton.

Depuis longtemps, les chaussures sont fabriquées par des artisans qui travaillent, comme de nos jours les cordonniers de village, dans des échoppes où l'on répare et l'on vend le produit du travail. Comme les autres vêtements, les chaussures comportent des différences selon le rang social. Longtemps, l'étiquette voulut que les sénateurs, de même qu'ils ne devaient, en public, revêtir que la toge, ne portent que le *calceus* : c'était une botte noire, basse, maintenue par des bandes de cuir entrecroisées et fixées dans l'épaisseur même de la semelle. Le cuir du *calceus* est très souple. Mais cette chaussure fut rapidement abandonnée pour toutes les variétés de sandales, importées au monde hellénique. Toutefois, la sandale, portée en public, passe pour le signe de mœurs relâchées. Les campagnards, eux, restaient fidèles au *pero*, chaussure ferrée, basse, qui ressemble assez à une lourde pantoufle de cuir.

*
* *

Les villes romaines connaissaient en outre quantité d'autres métiers et d'artisans : charpentiers, menuisiers et ébénistes pour fabriquer les meubles courants, vanniers, potiers, pour les instruments domestiques, et surtout chaudronniers. On utilisait beaucoup les ustensiles de cuivre : chaudrons, brasiers, chaudières diverses, trépieds, et toutes les poêles, louches, verseuses de formes variées. Tous ces objets étaient vendus dans les échoppes, où les clients choisissaient, sur l'éventaire, et marchandaient, selon les traditions millénaires des pays méditerranéens.

L'une des corporations les plus occupées était peut-être celle des plâtriers, les *dealbatores*, qui avaient pour tâche de stuquer les intérieurs, et surtout de blanchir périodiquement les murs extérieurs. Et là, ils avaient fort à faire, car l'une des coutumes les mieux attestées à Pompéi — valable aussi, certainement pour la Rome impériale — est celle des *graffiti*. Chacun écrivait sur les murs, au gré de sa fantaisie, mais aussi pour donner à ses concitoyens les informations qu'il jugeait nécessaires. Périodiquement, les propriétaires devaient appliquer une couche de chaux pour effacer toutes les inscriptions enchevêtrées.

L'étude des graffiti pompéiens est l'une des sources les plus précieuses pour la connaissance de la psychologie populaire et de la vie quotidienne dans la cité. Leur recueil — toujours dépassé par de nouvelles découvertes — forme un très gros volume et contient des renseignements de toute nature. La première constatation est le fait que tout le monde paraît avoir su lire et écrire. L'instruction élémentaire ne faisait pas défaut même au plus humble des esclaves. Au bas des murs se rencontrent des alphabets tracés de la main d'enfants, tout fiers de montrer leur jeune savoir. Des écoliers plus avancés inscrivent le nom des héros homériques que vient de leur révéler la lecture du jour. A Pompéi comme dans d'autres cités romaines, Virgile était présent à toutes les mémoires. Les murs en apportent maintes preuves.

Les graffiti pompéiens les plus célèbres sont ceux qui ont trait à la vie municipale. Innombrables sont ces « affiches » électorales, où l'on vante, en une formule lapidaire, les mérites de tel ou tel candidat. Voici par exemple l'éloge d'Aulus Vettius Firmus : « Nous vous demandons de l'élire comme édile. Il en est digne ! » Souvent, ce sont les voisins qui se portent garants ou encore une corporation déterminée. Il est probable que l'intensité de la vie politique était, à la même époque, beaucoup moindre à Rome qu'à Pompéi. Les élections au « Sénat » de cette petite ville demeuraient entièrement libres. Les Pompéiens choisissaient leurs *décurions* (tel était le nom des conseillers municipaux) comme ils l'entendaient, ainsi que leurs *duumvirs* (les deux magistrats représentant l'exécutif). A Rome, les présentations officielles faisaient que les élections ne constituaient plus guère qu'un simulacre et personne ne les prenait plus au sérieux. Si nous possédions de nombreux *graffiti* romains pour cette période, ils auraient certainement trait, le plus souvent, aux exploits des gladiateurs à la mode ou à ceux des chevaux de course.

Jamais la vogue des jeux n'avait été aussi grande. Des gladiateurs étaient fréquemment présentés. Sans doute, pour les arènes provinciales, une autorisation particulière était-elle nécessaire, et nous savons qu'elle n'était pas toujours accordée, mais la foule romaine n'était pas privée de ce genre de distraction. Les Empereurs acquéraient de cette façon une popularité facile — d'ailleurs peu durable et bien fragile — mais la plèbe n'aurait pas supporté que le prince prétendît faire moins que ses prédécesseurs. Les jours de fête s'étaient multipliés, chaque règne ajoutant ses anniversaires et ses dates triomphales. Les spectacles avaient acquis plus de faste encore qu'à la fin de la République : défilés interminables de spécimens d'animaux exotiques, combats de fauves opposés par couples inattendus — par exemple un gros serpent et un lion —, exhibitions de guerriers barbares. Au temps de l'empereur Claude, on avait accueilli avec un grand succès de curiosité les *essedarii*, combattants originaires de Grande-Bretagne, qui utilisaient des chars armés de faux. On vit même des femmes participer à des spectacles de ce genre. Les empereurs Flaviens élevèrent un amphithéâtre de proportions gigantesques, le Colisée, pour accueillir la foule immense des spectateurs.

Non loin du Colisée se trouvait le Grand Cirque, dont l'origine remonte aux premiers temps de Rome. C'est là, ainsi qu'au Cirque Flaminien, situé au Champ de Mars, que l'on donnait les courses de chevaux. Néron utilisa aussi ses jardins du Vatican, où il avait un cirque privé. Ces courses, où des chars attelés de plusieurs chevaux luttaient entre eux de vitesse, étaient devenues si fréquentes que des écuries permanentes et des factions s'étaient formées à Rome. Sous le Haut-Empire, on distingue quatre factions : les bleus, les rouges, les blancs et les verts. Chacune avait ses partisans. Parfois l'Empereur en favorisait une aux dépens des autres, ce qui donnait lieu à des protestations, voire à des troubles. Ces coutumes et ces passions seront transportées à Byzance, où elles prendront ouvertement une signification politique. Celle-ci n'est pas encore aussi affirmée à Rome, du moins à l'époque antonine, mais les pronostics et les paris occupent une grande place dans la conversation de chacun.

*
* *

Nous avons dit déjà comment le costume masculin s'était transformé, dès l'époque précédente. La toge continue à se porter, de plus en plus ample, mais elle est de moins en moins utilisée. Il nous reste surtout à retracer ici l'évolution subie par le costume féminin. En apparence, ce costume a peu varié. Nous retrouvons toujours la *stola*, c'est-à-dire l'ancienne tunique, un peu modifiée. C'est ainsi que les manches ne sont plus d'une seule pièce mais présentent un boutonnage longitudinal. Il semble que, dans les *stolæ* de ce type, le « devant » et le « dos » fussent confectionnés séparément, et cousus seulement à partir du bas jusqu'au « dessous de bras ». Les boutons de l'épaule et du dessus de manche complétaient l'assemblage. Ces boutons étaient souvent faits de pierres précieuses ou d'orfèvrerie.

La *palla* continue d'être portée, comme par le passé, et persistera jusqu'à la fin de la romanité. La tunique de type traditionnel est réservée aux petites filles et au costume de la fiancée, où elle présente un caractère rituel.

Les tissus continuent d'être peu variés. Les lainages demeurent les principaux matériaux utilisés, mais on commence à exécuter des tissus « mixtes », avec de la laine et du coton, du coton et du lin et parfois même du coton et de la soie. La soie est très recherchée, mais son prix, au poids, atteint celui de l'or, si bien que Marc-Aurèle en interdira l'usage à sa propre femme. Toutes ces étoffes sont teintes, et souvent brodées, et l'austérité apparente du costume est plus que compensée par la variété des ornements.

De même, les bijoux constituaient depuis longtemps une partie essentielle de la parure féminine. Nous avons nommé à plusieurs reprises les *fibules*, de toutes tailles, servant à agrafer certains vêtements. Les plus longues peuvent atteindre 8 ou 9 centimètres. Certaines sont en or ou en argent, la plupart en bronze. La fantaisie des orfèvres variait leurs formes à plaisir. Généralement, toutefois, elles étaient dessinées de façon à laisser un espace suffisamment large entre le corps et l'épingle mobile, afin de pouvoir rassembler le plus possible de largeur d'étoffe et retenir même de très lourds drapés. Telles de ces fibules, ornées de pierres précieuses ou de pièces de monnaie, peuvent être considérées comme de véritables broches. D'autres sont formées d'un anneau brisé sur lequel peut pivoter une épingle mobile.

Mais tous les bijoux des dames romaines n'avaient pas, comme les fibules, l'excuse de l'utilité. Colliers, bracelets, boucles d'oreilles, bagues, étaient d'un usage courant. Les perles n'avaient été introduites que par l'intermédiaire de l'Egypte. Elles étaient rapidement devenues des objets de convoitise, et les dames se les disputaient sur le marché. Il existait, non loin du Forum, un « portique aux gemmes », où les marchands exposaient leurs trésors. L'orfèvrerie locale — beaucoup de bijoux romains anciens étaient l'œuvre d'artisans étrusques installés dans la Ville — cédait progressivement le pas devant le travail oriental. Les pierres précieuses étaient de plus en plus recherchées, au détriment de la façon du métal. Typiquement romain, apparaît l'art du camée : les modèles sont, naturellement, orientaux, mais les graveurs installés à Rome avaient acquis une grande habileté. Nous connaissons beaucoup de leurs chefs-d'œuvre, qui constituent bien souvent des documents historiques de premier ordre. Ces camées étaient montés sur des bagues. Les plus considérables servaient de centre à des broches. Et les hommes eux-mêmes ne dédaignaient pas de s'en parer.

***

L'évolution de la coiffure féminine est l'un des phénomènes les plus singuliers de l'histoire des mœurs romaines sous l'Empire. Si les matrones ont conservé, jusqu'au temps d'Auguste, et peut-être plus tard, l'usage des nattes serrées par des bandelettes et réunies derrière la tête, elles ne tardèrent pas à imaginer très rapidement de singulières complications. Suivant l'exemple donné déjà par les hommes au Iᵉʳ siècle avant notre ère, elles commencèrent par multiplier les bouclettes. Avec les Flaviens, nous voyons la chevelure former un véritable diadème montant très haut au-dessus de la tête, et composé d'un travail fort complexe de bouclettes juxtaposées. Cette coiffure allonge le visage, qu'elle encadre, et elle emboîte le front. Elle devait être fort longue et difficile à réussir. Chaque matin, nous disent les poètes satiriques, une armée de servantes travaille au chef-d'œuvre. On fait chauffer les fers, on prépare chaque boucle que l'on enroule autour d'un tortillon d'étoffe. L'édifice est maintenu à l'aide de longues épingles dissimulées dans la masse. La dame est assise ;

une servante tient devant elle le lourd miroir de bronze ou d'argent poli. Une autre présente les épingles à l'*ornatrix*. Et lorsque la dame n'est pas satisfaite, ou qu'une maladroite fait durer trop longtemps le supplice, elle n'hésite pas à prendre une épingle et à en piquer cruellement la coupable.

Puis, la mode évolua. Cette coiffure était trop compliquée pour conserver une vogue durable. On demande aux nattes ce que l'on essayait d'obtenir avec des bouclettes. Ce sont maintenant des tresses que l'on édifie en un savant échafaudage : diadème à un, deux ou trois étages. D'autres tresses garnissent le derrière de la tête, et l'élargissent. On va vers plus de simplicité. Si bien qu'au milieu du second siècle de notre ère, les femmes renoncent aux coiffures en hauteur et se contentent de « vagues » régulières sculptées dans des bandeaux qui aboutissent à un ample chignon tressé. Il arrive que celui-ci soit retenu dans une résille. Ou encore, il est ramené à la façon d'un cimier de casque jusque sur le sommet de la tête. Ces coiffures sont complétées par des accessoires rapportés : diadèmes d'étoffe ou de métal précieux, ornés de perles et de gemmes, peignes d'ivoire, épingles de bronze. Les perruques ne sont pas inconnues ; beaucoup de cheveux étaient importés de l'Inde. Il existait aussi des teintures.

La toilette des dames ne serait pas achevée si elles-mêmes ou l'une de leurs servantes ne la complétait à l'aide de fards et de parfums. L'usage s'en était répandu de fort bonne heure. Il n'était pas venu à Rome directement de l'Orient, comme on pourrait le croire, mais c'est d'Italie même, et plus particulièrement de Campanie, que cet art avait émigré en Latium. Encore à la fin de la République, Capoue était considérée comme la capitale de la parfumerie. Le quartier de la *Seplasia*, l'une des artères principales de la Ville, était presque entièrement réservé à ce commerce. Mais, bientôt, les parfumeurs romains n'eurent rien à leur envier, et, comme les bijoutiers et les orfèvres, ils possédaient leur portique où étaient installées les boutiques.

Les Anciens n'ont pas connu l'alcool concentré, qui forme aujourd'hui le solvant principal des parfums. Pour cet usage, ils avaient recours aux huiles : huile d'olive et huile d'amandes douces. La première était fournie par l'Italie, la seconde était importée des vergers de Syrie. Certains fards, plus épais, se préparaient à l'aide d'une lanoline grossière, l'*œsypum*, extraite du suint de la laine fraîche. Les parfums eux-mêmes provenaient d'Orient, et, ainsi que la soie, constituaient la matière d'un commerce extrêmement actif avec l'Arabie, l'Inde et la Chine. Les noms de ces parfums gardent encore un prestige mystérieux : cinamome d'Égypte, amome indienne ou de Phénicie, nard, myrrhe, formaient la base des onguents les plus précieux. Mais les parfumeurs antiques n'ignoraient pas pour cela les parfums de fleurs indigènes. Corinthe était renommée pour ses iris, et les Romains faisaient cultiver des champs de roses en Macédoine et en Lucanie, autour de Pæstum, des iris encore dans les vallées de la Dalmatie intérieure. Cyrène avait le silphium, mais aussi une huile de rose fameuse. Ailleurs, c'était l'essence de lis. En Cilicie, on cultivait le safran.

La fabrication des fards avait recours à toutes sortes de colorants naturels. La pourpre de murex fournissait un rouge apprécié, appelé *purpurissum*. D'autres compositions étaient à base de *minium* ou de racine d'*anchousa* (une boraginée à la racine rouge), ou encore d'un produit appelé *fucus*, et extrait d'une algue marine. Pour ajouter à l'éclat du regard, les dames romaines connaissaient les propriétés de l'antimoine pulvérisé, dont se servent encore les femmes en pays musulmans. Le noir de fumée *(fuligo)* obtenu à partir de diverses substances grasses et aromatiques ajoutait, comme le khol, un trait sombre sous les yeux et les faisait paraître plus grands. La blancheur du teint était accrue par le blanc de céruse. Des crèmes bleutées étaient utilisées pour les tempes. Enfin, le henné de Sidon teignait les cheveux.

Les dames avaient donc à leur disposition toute une palette de fards, qu'elles employaient largement. Les onguents liquides étaient conservés dans de petites fioles. nommées alabastres (lorsqu'elles étaient de forme allongée) et aryballes, lorsqu'elles étaient sphériques. Alabastres et aryballes avaient en commun de posséder un goulot étroit terminé par un disque élargi sur lequel venait s'étaler goutte à goutte le parfum ou le fard. Les fards plus épais étaient contenus dans des boîtes rondes, où on les prélevait au pinceau. Chaque dame possédait ainsi son « alabastrothèque », son nécessaire à maquillage, enfermé dans un coffret ouvragé. Nous avons dit que, après les bains, les hommes avaient, eux aussi, pris l'habitude de recourir à une onction parfumée. Certains raffinés utilisaient simultanément plusieurs parfums différents, mais cet usage est loin d'avoir été général. Les fards, eux, sont décidément un privilège féminin. Un homme fardé eût ainsi donné la preuve de ses mauvaises mœurs et excité la risée générale.

***

Le siècle des Antonins et celui des Sévères est l'époque où se développèrent les grandes villas, souvent très éloignées de Rome. Nous avons dit comment cette mode avait commencé avec l'introduction d'un idéal nouveau qui faisait place dans la vie au « loisir studieux ». Bientôt, avec le progrès du luxe et la recherche d'une existence toujours plus agréable, était né un art de la « maison de plaisance », d'autant plus cher aux Romains qu'il les rapprochait davantage de cette campagne dont ils gardaient, malgré tout, la nostalgie. Les jardins dessinés autour des maisons de ville ne pouvaient satisfaire ce goût profond : la tentative de Néron, venant après la constitution des grands parcs romains, demeura sans lendemain. Le terrain était trop précieux, et les poètes et les moralistes courtisans s'indignaient, sous les Flaviens, que l'on ait pu songer à distraire, pour le plaisir d'un seul homme, tant d'hectares de terrain à bâtir. Déjà César, par son testament, avait légué au public les grands jardins qu'il possédait, pourtant en un quartier bien excentrique, sur la rive droite du Tibre. Peu à peu, au temps de Messaline et d'Agrippine, les autres grands domaines privés s'étaient trouvé confisqués par les Empereurs qui les utilisèrent d'abord comme parcs privés, mais furent peu à peu contraints de les céder, au fur et à mesure des nécessités de l'urbanisme. C'est ainsi que l'Esquilin se trouva progressivement construit. Il ne subsista, de cet immense parc impérial du Ier siècle de notre ère, que les jardins situés aux environs de la Porte Majeure, en dehors de la zone urbaine.

Depuis le règne de Domitien, par contre, le Palatin avait été à peu près totalement occupé, et c'est là que les Empereurs avaient leur demeure.

Les fouilles modernes nous ont rendu ce palais, dont les péristyles monumentaux s'étagent sur les pentes de la colline, en direction du grand Cirque.

Elles nous renseignent assez bien sur ce que les Romains de cette époque pouvaient considérer comme la villa « idéale ». Les architectes de Domitien avaient résolument conservé la vieille forme du péristyle, qui, après avoir connu la fortune que nous avons dite à la fin de la République, s'était peu à peu trouvée éliminée des demeures urbaines. Les appartements étaient disposés autour de vastes *patios* fermés de toutes parts, et plantés de véritables bocages. Partout, des fontaines monumentales, des mosaïques précieuses, des statues. La vie privée de l'Empereur était protégée de toute indiscrétion, comme peut l'être, encore de nos jours, celle d'un grand seigneur de l'Islam. Mais ce qui, peut-être, est le plus singulier, dans l'ensemble impérial du Palatin, est un jardin en forme d'hippodrome, situé en contre-bas des appartements privés : le plan général est celui d'un cirque, et l'on a cru longtemps que les empereurs y donnaient des spectacles privés. En réalité, ce jardin n'est qu'une *gestatio*, c'est-à-dire un promenoir, entouré d'une colonnade et dont l'allée affecte la disposition générale d'un stade, mais qui n'est destiné qu'à fournir un cadre de verdure à des promenades paisibles, soit à pied, soit en litière. C'est l'antique tradition du gymnase grec, adaptée au goût d'une existence faite de longues causeries et de flâneries dans un jardin.

Le palais de Domitien n'est pas un ensemble isolé. Les fouilles d'Herculanum ont fait connaître, depuis longtemps, la grande villa aux papyri (ainsi nommée parce qu'on y a découvert toute une bibliothèque à demi calcinée), qui présente, elle aussi, une enfilade de péristyles et les mêmes promenoirs, à l'extrêmité desquels un pavillon en forme de tour offre la tranquillité d'un véritable « boudoir ».

Pourtant, ni le palais de Domitien, malgré sa splendeur, ni même la villa d'Herculanum ne constituent les seuls types de maison de campagne en vogue à partir de la fin du Ier siècle. C'est aux lettres de Pline le Jeune et à une autre villa impériale, celle que construisit Hadrien dans la plaine de Tivoli, qu'il faut se référer pour comprendre l'esprit qui commence à imprégner l'architecture domestique de ce temps.

Ces villas s'élèvent loin de toute agglomération et disposent d'un espace pratiquement illimité. Leur première préoccupation est de s'insérer dans un paysage : Pline le Jeune explique comment son parc de Toscane est dessiné à mi-pente d'un vaste amphithéâtre naturel dont il ne coupe pas les lignes, les limites du jardin elles-mêmes étant dissimulées par des haies, sans un mur qui masque les perspectives. Son autre grande villa, celle des Laurentes, est construite au bord de la mer, non loin de l'embouchure du Tibre, et, là aussi, le jardin réalise, par une heureuse disposition de terrasses, une transition insensible entre la forêt et la mer. Ces deux villas fameuses ne nous sont connues que par la littérature. Il nous est possible, par contre, d'admirer l'ordonnance générale de celle d'Hadrien, au pied de Tivoli. Là, également, le paysage domine. Vers le nord et l'est, voici la colline de Tibur et les dernières pentes des Monts de la Sabine, dont l'âpreté contraste avec la luxuriance des vergers et des vignes entourant la petite ville de Tivoli, qu'arrosent les cascades de l'Anio. Vers le sud et l'ouest s'ouvre la vaste plaine du Latium. Nous sommes au point de transition entre deux paysages, sur cette étroite bande qui n'est plus le pays marin battu par les vents d'ouest, et n'est pas encore le maquis montagnard. Là est la terre d'élection de l'olivier, dont le feuillage gris brille partout autour des ruines. La villa elle-même s'est installée sur des terrasses, entre deux petites vallées parallèles, disposée de façon à ouvrir des vues sur tous les aspects du spectacle. Nous n'y trouvons plus, comme cellule essentielle, le péristyle. Au contraire, rien de fermé sur soi-même ; la villa s'épanouit vers l'extérieur et se divise à l'extrême, en une infinité d'éléments relativement réduits, plus faciles à intégrer dans le paysage qu'un ensemble monumental. Il est significatif par exemple de comparer à l'*hippodrome* de Domitien, le *pécile* de son lointain successeur Hadrien. Le *pécile* est un portique construit en souvenir de l'édifice athénien de ce nom. Comme l'hippodrome palatin, ce n'est qu'une *gestatio* en forme d'ellipse très allongée, mais au lieu d'être entourée d'une colonnade qui la ferme sur elle-même, son portique prend appui sur un mur axial et s'ouvre vers l'extérieur : le jardin clos est remplacé par le jardin ouvert (v. fig. 9). C'est le paysage tout entier qui est appelé à servir de décor à l'existence quotidienne, et non plus un espace limité artificiellement.

Dans les villas de ce type, l'*atrium* antique a presque entièrement disparu. On ne le retrouve (par exemple à Stabies) que réduit, sous la forme d'une petite cour servant de centre à des appartements intimes. L'*impluvium* central est occupé par une fontaine où l'eau ruisselle d'une vasque et, aux heures chaudes, invite au sommeil. La plupart des pièces ouvrent directement sur des portiques servant de transition entre la maison et son jardin. On calcule les éclairages et les expositions pour chaque période de l'année : tel pavillon ne reçoit le soleil que le jour du solstice d'été ; tel autre demeure chaud et lumineux même aux jours les plus courts de l'hiver. La vie de la maison émigre ainsi de mois en mois et s'installe dans l'appartement où il fait le meilleur vivre selon la saison.

Toutes ces grandes villas ont leurs bains. Les salles chaudes, analogues à celles des grands thermes publics, sont souvent complétées par une piscine

Fig. 9. — Villa « à portiques » d'après une peinture pompéienne (Maison de Lucretius Fronto)

en plein air, creusée dans une terrasse au milieu des bosquets et des fleurs. Les villas construites au bord de la mer possèdent généralement leur port privé, et aussi de vastes bassins d'eau salée où l'on peut se baigner et où, surtout, l'on conserve des poissons pour la table du maître.

N'imaginons pas, pourtant, que ces maisons de campagne soient entièrement consacrées au plaisir et au luxe. Pline lui-même raconte que, le soir, les vaches s'égarent parfois dans son jardin. La villa du maître ne fait que doubler une exploitation agricole. Derrière la *gestatio* ou l'hippodrome, s'étendent verger et potager. L'olivette, la vigne, qui composent si harmonieusement le paysage, contribuent aux revenus et à la table. Et surtout, les Romains ne seraient pas pleinement satisfaits, au fond d'eux-mêmes, s'ils ne se sentaient entourés d'une certaine abondance paysanne. La nouvelle noblesse appelée au Sénat et aux fonctions publiques par les Empereurs vient, comme autrefois du Latium l'antique noblesse, des petites villes provinciales. Ils possèdent des fermes en Espagne, en Gaule, en Illyrie, en Afrique. Pour eux, la terre est le milieu naturel de l'homme, le seul où il puisse être pleinement heureux. La Ville n'est que le lieu des activités officielles, d'où l'on s'échappe aussitôt qu'on le peut. Et, tandis que la plèbe déracinée ne conçoit pas d'autre lieu que Rome comme cadre à son oisiveté, la noblesse, ou plutôt la classe dirigeante, rêve de jardins et de fermes.

Pourtant, par un singulier contraste, les Romains apportent dans leurs maisons de campagne tout le luxe et toutes les préoccupations de la Ville. Ils aiment les pelouses, les bosquets de laurier, les frondaisons des pins, des cyprès et des platanes, les charmilles de roses, mais ils se plaisent aussi à des compositions artificielles qui nous choquent. Par exemple, un jardinier de Pline avait imaginé de dessiner, avec du buis taillé, des animaux et des lettres au bord d'une « promenade ». Ailleurs, c'est une flotte entière sculptée dans des ifs, ou bien le spectacle d'une chasse : le cerf, la meute, les chasseurs sur leurs chevaux, rien n'y manque. Des spécialistes ont appris à torturer les formes naturelles des arbres pour les faire servir à ces chefs-d'œuvre ! Les péristyles pompéiens nous ont livré les restes de mises en scène où statues et plantes étaient utilisées dans le même esprit. La nature ne suffit pas ; il faut l'animer par l'œuvre d'art. On songe, devant ces jardins, aux aberrations du parvenu Trimalcion, pour qui tout est mime et théâtre. Rien ne peut demeurer simplement soi-même, une viande appréciée pour sa saveur, un arbre pour sa beauté ou la fraîcheur de son ombre. Il faut, bon gré mal gré, que le quartier de sanglier ou le platane soient intégrés dans un « mime » qui les transforme. Les Romains ne se sont jamais libérés d'une confusion constante entre l'art et l'artifice.

***

Les jardins et les parcs des villas sont pleins de divinités : statues de Faunes, de Satyres et de Nymphes, cortèges bacchiques, Niobides, Néréides au bord des bassins et des canaux artificiels. Partout, des sanctuaires rustiques avec leurs ex-votos traditionnels donnent l'image d'une campagne semblable à celle que peintres et sculpteurs représentent à l'envi sur leurs compositions décoratives. Et cependant, les propriétaires de ces mêmes jardins ne croient plus en ces divinités dont ils s'entourent. Autrefois, nous l'avons dit, les dieux étaient présents dans la vie quotidienne. Ils veillaient sur la famille dans la chapelle du *tabularium*. On leur offrait le sacrifice du sel, une libation de vin, des fleurs, à certaines fêtes, et un gâteau rituel. De même, chaque fois que le Romain se rendait aux jeux, il y retrouvait les principales divinités de la cité, dont les statues étaient déposées dans une loge sacrée, le *pulvinar*, et assistaient aux courses des chevaux, aux combats des athlètes ou aux évolutions des acteurs. Chacune des grandes cérémonies publiques a pour but de renouveler les rapports du peuple romain avec ses dieux : lors des victoires aussi bien que des calamités, le

Sénat décrète des *supplications* officielles. Alors, on ouvre les sanctuaires. Chacun peut y pénétrer à son gré, prier les divinités, leur offrir des guirlandes de fleurs et des libations. Mais la religion romaine demeure un acte de la vie collective. Le citoyen y participe, comme membre du corps social. Sa personnalité intime, son âme même n'y sont pas ou presque pas engagés. Les rites ont un objet défini, une utilité essentiellement pratique. Ils ne satisfont ni la raison ni le cœur.

Mais surtout, les cérémonies officielles, depuis l'institution de l'Empire, ont acquis un caractère nouveau : les « supplications », par exemple, sont maintenant multipliées à l'excès. Tout événement à l'intérieur de la famille impériale devient le prétexte à d'extravagantes actions de grâces. Tous les jours de l'année n'y suffiraient point si l'on appliquait exactement les motions courtisanes d'un Sénat servile. Heureusement, de périodiques révolutions de palais viennent effacer les décrets votés la veille, et que l'on voulait éternels. Les prises officielles d'auspices ne sont plus qu'une vaine cérémonie, à laquelle personne ne croit. Il est rassurant que les consuls procèdent, lors des grandes fêtes, aux gestes ancestraux. Ils les continueront encore même une fois les Empereurs devenus chrétiens. Mais, précisément parce que ce sont là des gestes rassurants, ils dispensent les simples citoyens de toute pratique réelle. On se contente, vis-à-vis des divinités officielles, de croyances vagues, qui relèvent plus de l'habitude que d'une foi véritable. Les jeux ne sont plus que des spectacles, et non une forme de prière.

Pourtant, l'exigence religieuse demeure dans les âmes. Les divinités traditionnelles ne sont plus guère regardées que comme des prétextes et des thèmes pour les artistes, mais d'autres leur ont succédé. La piété populaire accueille les dieux et les déesses venus d'Orient. On laisse aux prêtres officiels les cultes destinés à assurer le salut de l'Etat, mais on se préoccupe de son propre salut. Et pour cette raison l'on sacrifie aux dieux d'Egypte, à Osiris et à Isis, à la Grande Mère de Phrygie, à Mithra, le dieu solaire. Pour leur plaire, on se soumet à des mortifications et à des pénitences. Les dévotes d'Isis acceptent de longues périodes d'abstinence. Les fidèles de Mithra pratiquent le répugnant baptême par le sang, lorsque, au-dessus de la fosse où ils se tiennent en prière, un sacrificateur immole le taureau sacré dont le sang les inonde. Ces pratiques ne sont pas le fait de quelques exaltés : l'esprit de mysticisme se répand dans toutes les classes de la société. La plupart des Romains font partie de quelque collège sacré et suivent les instructions que leur donnent les prêtres. Sans doute n'y a-t-il pas d'église régulière, toutes ces manifestations religieuses demeurent singulièrement anarchiques, et, parfois, les Empereurs expulsent-ils telle ou telle secte de thaumaturges, mais, dans son ensemble, le mouvement est irrésistible. L'antique « bon sens » des Romains, longtemps satisfait des pratiques officielles, est submergé par cette vague de mysticisme. Chacun veut, à tout prix, s'assurer le bonheur dans l'autre monde : ressusciter à l'instar d'Adonis ou d'Osiris, apprendre les « chemins de l'éternité », sous la conduite de Dionysos, ou se procurer l'immortalité astrale que leur offre Mithra. L'influence des prêcheurs hellénisés est considérable. Ils reprennent les vieux thèmes éleusiniens, ou ceux du pythagorisme, mais en les dramatisant, en les colorant d'émotions violentes, en les parant d'une liturgie sensuelle.

Les promesses des « mages » ne se bornent d'ailleurs pas à la vie future. La plupart d'entre eux vendent aussi de l'espérance pour les affaires de ce monde. A aucun moment, peut-être, la foi en l'astrologie n'a été plus développée. On se persuade que le moindre événement est commandé par les astres. Bien des Romains n'agissent qu'après avoir consulté leur « éphéméride », établi par un astrologue, et fixant le moment le plus favorable pour chaque affaire. Un médecin originaire de Marseille avait même imaginé de donner à ses malades un régime déterminé selon leur thème de naissance, et il les soignait en accord avec la volonté des astres.

Naturellement, l'on consultait les astrologues (que l'on appelait, d'un nom générique, parfois les « Chaldéens », parfois les « Mathématiciens ») sur toutes ses espérances, et même les moins avouables. Mort d'un parent dont on attend l'héritage, d'une femme ou d'un mari gênants, succès d'une conjuration aussi bien que d'une banale entreprise commerciale. De bonne heure, l'autorité impériale s'émut. On imposa aux astrologues de ne donner aucune consultation secrète. Et, comme ils passaient outre, certains furent précipités du haut de la roche tarpéienne ou battus de verges et décapités. Pourtant, cela n'empêcha pas les ambitieux de s'enquérir clandestinement de la destinée des princes et de calculer l'heure de leur mort. Et comme les astrologues vulgaires ne reculaient devant rien pour que leurs prophéties fussent vérifiées, beaucoup vendaient à leurs clients des philtres ou des poisons.

Les tombeaux romains livrent parfois, lorsqu'on les fouille, de singulières poupées, ou des tablettes sur lesquelles sont inscrites des formules magiques.

Ce sont les restes de pratiques d'envoûtement. On y demandait aux divinités, notamment à Hécate, la Diane infernale, l'accomplissement d'un vœu criminel, la mort d'un rival, la mutilation d'un cocher trop souvent victorieux dans les courses du cirque. Et le message, griffonné sur un morceau de plomb ou un tesson de tuile, était enfoui dans une tombe pour qu'il parvînt plus aisément au royaume des morts. Empoisonneuses, magiciennes, astrologues, charlatans de toutes natures, serviteurs tarés de divinités orientales forment le fond sordide et pittoresque de la société romaine sous l'Empire. Il n'est pas étonnant que les magistrats et les empereurs se montrent méfiants devant tout ce qui vient d'Asie. Le christianisme, à son début, rencontra une légitime suspicion : ne prêchait-il pas, lui aussi, une doctrine de la vie éternelle, des pratiques de renoncement et d'abstinence, et la venue terrible d'un Messie devant qui s'effondreraient les Empires ? Les mêmes croyances, éparses, animaient trop de sectes diverses pour que l'on ne fût pas tenté de le confondre avec elles.

Les plus nobles et les plus cultivés d'entre les Romains n'étaient pas à l'abri des superstitions de ce temps, mais ils n'en retenaient que les éléments les plus affinés, et ceux qui s'accordaient avec les enseignements de la philosophie. La foi en l'astrologie se confond avec la croyance en une Providence dont les décrets gouvernent le monde. L'action attribuée aux astres n'était alors que le mécanisme de cette intervention divine. C'est ainsi que Tacite explique parfois les vicissitudes de l'Empire par une véritable prédestination, qui porte irrésistiblement certains hommes au pouvoir et, à un moment donné, les condamne à une chute certaine. On croit à la Fortune, comme on y croyait au temps des monarchies hellénistiques. Les révolutions, les « pronunciamentos » militaires prouvent périodiquement que la déesse se joue des prévisions, appelle à l'Empire des hommes de basse naissance, et les renverse quand il lui plaît. Des esclaves deviennent favoris du prince et accumulent en quelques années des richesses fabuleuses. Chacun se dit, à part lui, que la chance peut un jour lui sourire. Tous, sans doute, ne prétendent pas à l'Empire, mais tous attendent quelque événement susceptible de transformer leur sort : le petit peuple, à Rome, est volontiers joueur. Coup de dés, pari heureux aux courses, sur tel attelage, à l'amphithéâtre, sur tel gladiateur, c'est un éternel espoir. Le pouvoir, bienveillant, fournit le pain, l'huile et le vin. Les « patrons » distribuent à leurs clients les sportules qui compléteront la nourriture de chaque jour. Les dieux feront le reste. Aussi voit-on, sur le Forum toute une foule oisive, écoutant les avocats, suivant les cortèges, les hommes passant des heures allongés au soleil ou à l'ombre, selon la saison, et jouant à toutes sortes de jeux sur un échiquier tracé à même les dalles. Plèbe romaine décadente, dont le loisir est acheté par le travail des provinces, et dont les jours se consument à attendre éternellement quelque chose.

CONCLUSION

Le spectacle offert par la plèbe romaine à la fin du Haut-Empire a trop souvent incité les historiens à prétendre que Rome s'était perdue elle-même par ses vices. En réalité, nous ne devons pas être dupes de ce tableau. Rome n'était qu'une petite portion de l'Empire, et la vie quotidienne s'y déroulait selon un rythme et des lois qui lui étaient propres. Ailleurs, par exemple, les jeux étaient moins fréquents, les distributions de blé et de vivres beaucoup plus rares : seuls, les magistrats locaux célébraient par de telles largesses leur entrée en charge. Leur générosité ne pouvait assurer la subsistance de leurs concitoyens tout au long de l'année. L'oisiveté du menu peuple est un fléau de la capitale, mais même là, il ne convient pas d'en exagérer la gravité. Nous avons dit qu'il existait une activité commerciale intense sous les portiques et le long des rues. Les petits métiers étaient au moins aussi florissants à Rome qu'à Pompéi. Autour de la Ville s'étendait une large ceinture de jardins maraîchers, dont les produits étaient vendus chaque jour au marché. Comme dans la Rome du XIXe siècle, les paysans des *castelli* apportaient leur vin et leurs fruits. L'oisiveté n'était donc que relative. Tout au plus peut-on affirmer que pour le citadin de Rome la loi du travail était, grâce aux largesses impériales et à la fréquence des jeux, moins impérative que dans les provinces et les municipes.

Pourtant, il est bien certain que Rome a été, pour l'Empire tout entier, un idéal et un modèle. Lorsque Byzance accédera au rang de capitale, les Empereurs s'efforceront d'y réaliser des conditions de vie identiques à celles de la capitale italienne. Ils la doteront d'aqueducs, de cirques, multiplieront jeux et distributions de vivres. Mais, depuis longtemps, dans tout l'Empire, les grands seigneurs locaux avaient imité Rome, dans la mesure de leurs moyens.

Comme les aristocrates de Rome, les grands propriétaires provinciaux prennent aussi l'habitude d'orner leurs demeures et en font de grandes villas, dignes de rivaliser avec celles d'Italie. Le poète Ausone a montré, par ses descriptions des rives de la Moselle ou de la Garonne, que, dans la Gaule du

IVe siècle, s'étaient multipliées les grandes maisons domaniales, où la vie, essentiellement agricole, avait pourtant dépouillé toute rusticité. Les découvertes archéologiques confirment cette impression. Partout, en Provence, en Aquitaine, en Rhénanie, en Grande-Bretagne, aussi bien qu'en Afrique et en Espagne, l'on découvre presque chaque jour de ces nobles « villas », aux grandes mosaïques, aux portiques donnant sur des terrasses, avec leurs salles thermales, leurs *hypocaustes*, mais aussi leurs pressoirs à vendange et leur four. Lorsque les Barbares deviendront maîtres du pays, ils se borneront le plus souvent à remplacer les propriétaires romains, et à continuer l'exploitation des antiques domaines. Les formes de la vie quotidienne sont assez stables pour s'imposer, avec une remarquable continuité, même à des conquérants incultes. Il est singulier que l'une des composantes les plus essentielles à l'âme romaine, le sentiment que la vie véritable ne trouve son épanouissement que dans l'abondance d'une existence rustique, soit celle qui ait aussi persisté le plus longtemps et ait contribué à maintenir et à sauver l'esprit même de la « romanité ». C'est peut-être par les *villas* autant que par les villes que celle-ci a réussi à subsister en dépit de toutes les dévastations et des massacres.

*
* *

Au terme de ce tableau de la vie privée romaine, nous pouvons peut-être mieux répondre à la question que nous posions en commençant : Rome n'a pas à rougir de ses « mœurs ». Sans doute, les exemples de corruption ne manquent pas. Sans doute, les Romains ont, en fait, abandonné leurs dieux longtemps avant que les Chrétiens ne ferment les temples et ne les condamnent à la ruine. En ce sens, ils ont été infidèles à leur race et à leurs traditions. Mais l'on se tromperait en ne voulant voir dans la vie romaine que débauche, ripailles, cruauté et paresse, sans autre idéal que d'assurer au mieux les jouissances du lendemain. Comme les hommes de tous les temps, les Romains ont connu et pratiqué alternativement les vertus et les vices. Peut-être même les exigences un peu étroites de leur morale traditionnelle sont-elles responsables de la mauvaise réputation qu'ils se sont faite à eux-mêmes. Nous, qui voyons leurs ombres vivre, dans les ruines des villes campaniennes, sur les dalles usées du Forum, et qui pouvons peser le témoignage de leurs historiens, de leurs poètes et de leurs philosophes, nous avons le droit de ne pas leur refuser notre estime.

TABLE DES MATIÈRES

Imprimé en France
Imprimerie des Presses Universitaires de France
73, avenue Ronsard, 41100 Vendôme
Février 1994 — N° 39 458